中外著名港口

交通百科编委会　编著

中国大百科全书出版社

图书在版编目（CIP）数据

中外著名港口 / 交通百科编委会编著 . -- 北京：中国大百科全书出版社，2025. 1. --（交通百科）. ISBN 978-7-5202-1820-7

Ⅰ . U659.1-49

中国国家版本馆 CIP 数据核字第 20259LC679 号

总 策 划：刘　杭　郭继艳
策 划 人：马　蕴
责任编辑：马　蕴
责任校对：梁嬿曦
责任印制：王亚青
出版发行：中国大百科全书出版社有限公司
地　　址：北京市西城区阜成门北大街 17 号
邮政编码：100037
电　　话：010-88390811
网　　址：http://www.ecph.com.cn
印　　刷：唐山富达印务有限公司
开　　本：710mm×1000mm　1/16
印　　张：10
字　　数：100 千字
版　　次：2025 年 1 月第 1 版
印　　次：2025 年 1 月第 1 次印刷
书　　号：ISBN 978-7-5202-1820-7
定　　价：48.00 元

本书如有印装质量问题，可与出版社联系调换。

总　序

这是一套面向大众、根植于《中国大百科全书》第三版（以下简称百科三版）的百科通俗读物。

百科全书是概要记述人类一切门类知识或某一门类知识的完备的工具书。它的主要作用是供人们随时查检需要的知识和事实资料，还具有扩大读者知识视野和帮助人们系统求知的教育作用，常被誉为"没有围墙的大学"。简而言之，它是回答问题的书，是扩展知识的书。

中国大百科全书出版社从 1978 年起，陆续编纂出版了《中国大百科全书》第一版、第二版和第三版。这是我国科学文化建设的一项重要基础性、标志性、创新性工程，是在百年未有之大变局和中华民族伟大复兴全局的大背景下，提升我国文化软实力、提高中华文化国际影响力的一项重要举措，具有重大的现实意义和深远的历史意义。

百科三版的编纂工作经国务院立项，得到国家各有关部门、全国科学文化研究机构、学术团体、高等院校的大力支持，专家、学者 5 万余人参与编纂，代表了各学科最高的专业水平。专家、作者和编辑人员殚精竭虑，按照习近平总书记的要求，努力将百科三版建设成有中国特色、有国际影响力的权威知识宝库。截至 2023 年底，百科三版通过网站（www.zgbk.com）发布了 50 余万个网络版条目，并陆续出版了一批纸质版学科卷百科全书，将中国的百科全书事业推向了一个新的高度。

重文修武，耕读传家，是我们中国人悠久的文化传承。作为出版人，我们以传播科学文化知识为己任，希望通过出版更多优秀的出版物来落实总书记的要求——推动文化繁荣、建设中华民族现代文明，努力建设中国式现代化强国。

为了更好地向大众普及科学文化知识，我们从《中国大百科全书》第三版中选取一些条目，通过"人居环境""科学通识""地球知识""工艺美术""动物百科""植物百科""渔猎文明""交通百科"等主题结集成册，精心策划了这套大众版图书。其中每一个主题包含不同数量的分册，不仅保持条目的科学性、知识性、准确性、严谨性，而且具备趣味性、可读性，语言风格和内容深度上更适合非专业读者，希望读者在领略丰富多彩的各领域知识之时，也能了解到书中展示的科学的知识体系。

衷心希望广大读者喜爱这套丛书，并敬请对书中不足之处给予批评指正！

《中国大百科全书》编辑部

"交通百科"丛书序

　　交通运输是人类社会的基本需求，是国民经济中基础性、先导性、战略性产业，是重要的服务性行业。铁路、公路、港口、航道、站场、邮政、民航、管道等公共设施以及各种交通运输载运工具，为人的流动和商品流通提供基本条件，是社会有效运转的基础。交通运输衔接生产和消费两端，保证了人类在政治、经济、文化、社会、军事等方面的交往和联系，在优化国家产业布局、促进经济结构调整、服务社会、改善民生、维护国防安全等方面，起到了重要的支撑和引领作用。

　　自中华人民共和国成立，中国交通运输经历了从"瓶颈制约"到"初步缓解"、从"基本适应"到"总体适应"的发展历程，快速缩小与世界一流水平的差距，在多个领域实现超越。中国已经建成全球最大的高速铁路网、高速公路网、世界级港口群，航空和海运通达全球。中国高铁、中国路、中国桥、中国港、中国快递成为靓丽的中国名片。规模巨大、内畅外联的综合交通运输体系有力服务和支撑着中国作为世界第二大经济体和世界第一大货物贸易国的运转。交通运输缩短了时空距离，加速了物资流通和人员流动，深刻改变了中国城乡面貌，有力促进了城乡一体化进程，不仅有力保障了国内国际循环畅通，也为世界经济发展做出了重要贡献。

　　为便于广大读者全面地了解各类交通运输知识，编委会依托《中国大百科全书》第三版交通运输工程学科各分支领域内容，精心策划了"交通百科"丛书。根据主要交通运输方式，编为《航空运输概览》《铁路、桥隧、机车》《公路运输总汇》《水路运输》《邮政》《中外著名港口》《管道运输和综合运输》《智能交通改变生活》等分册，图文并茂地介绍了各类交通运输方式的发展历史、现状和趋势。

希望通过《中国大百科全书》第三版大众版"交通百科"丛书的出版，帮助读者朋友广泛地了解更安全、更便捷、更高效、更绿色、更智能的交通运输系统。传播科学知识，弘扬科学精神，助力交通强国建设，带来更美好的生活！

交通百科丛书编委会

目 录

第1章 港口 1

第2章 著名港口 45

第3章 航道 117

港口

港口建设

港口建设是指新建、改建、扩建港口基础设施的工程活动以及与之相联系的其他工作。

◆ 主要任务

港口建设的主要任务是,港口建成后,船舶能够安全进出和靠泊码头,开展货物装卸作业和旅客上下,并进行货物中转运输和其他港口相关业务,满足经济社会发展和对外贸易对港口的运输需要。港口建设与经济社会发展水平和对外贸易发展密切相关,也受到国家的产业政策、投资方向和资源开发等诸多方面的影响。港口建设需符合港口布局规划和港口总体规划,执行有关建设法律、法规、规章和技术标准。

◆ 建设步骤

港口建设工作从规划建设到建成投产,要经过决策、准备和实施3 个阶段。①决策阶段。可行性研究是港口建设项目决策阶段的主要工作。经过必要的调查研究、勘测和科研试验后,编制工程可行性研究报告,对建设必要性、技术可行性和经济合理性进行综合研究论证,判断项目是否需要建设。经过比较分析，提出投资省、技术可靠、投资效果好的建设方案。②准备阶段。进行工程设计工作，编制初步设计文件和施工图设计文件。根据施工图设计，组织项目监理、施工招标，进行征地拆迁和场地平整、通路、通电、通水等施工准备工作，办理开工手续。③实施阶段。施工单位依照施工组织设计和施工技术标准、规范，组织施工。施工完成后，要进行竣工验收工作。

港口建设

◆ 主要环节

港口建设是一项综合性建设工作，主要环节有吞吐量预测、到港船型分析、港址选择、港口规模论证、总体布置比选、装卸工艺设计、确定施工方案等。

吞吐量预测。吞吐量是确定港口规模的决定性指标。通过调查、分析港口腹地经济社会和综合交通的发展现状及规划,考虑项目定位及周边地区其他相关项目建设情况等因素,提出拟建港口的客货吞吐量及流量、流向和集疏运量。吞吐量预测结果的可靠与否直接关系到港口未来的营运效果,过大而实际货源不足将造成设施的浪费,过于保守会造成货物滞留港口和压船、压港。

到港船型分析。港船型是由运输货种、货运量及流量、流向,并结合港口、航道条件及船舶发展趋势来确定的。到港船型决定了码头泊位吨级,码头长度以及港池和航道水深。

港址选择。选址需考虑港址与腹地经济、城市发展、产业布局和综合物流、水利及军事要求、老港与新港,以及与环境的关系等。要对港址的地形、地貌、地质、气象、水文、地震等自然条件和城市依托、供电、供水、通信、施工条件进行必要的勘测和调查分析。海港选址宜在有天然掩护,浪、流作用小,泥沙运动弱,天然水深适当,地质条件较好的海岸,不宜在地质、地形变化大和水深过深以及水文条件复杂的地段选址,也不宜在水深太浅而使疏浚和维护挖泥量过大的场所选址。河港港址应选在河势、河床及河岸稳定少变、水流平顺、水深适当、水域面积足够,并具备船舶安全运营和锚泊条件的河段。港址选择要注重集疏运条件,包括铁路、公路、水路和管道等运输方式,应在进行充分调查分析和比较基础上,因地制宜地选择集疏运方式。

港口规模论证。港口规模包含泊位数量和泊位停船吨级两个指标。泊位数取决于港口的装卸效率和船舶周转量,是衡量一个港口规模大小的主要指标之一。港口集疏运设施、水域设施以及库场面积等均应与泊位数相协调。

总体布置比选。港口布置时需要统筹考虑码头、综合物流、临港工业和城市等方面的发展要求。港口总体布置包括港口总平面布置、港口水域布置、码头布置和港口陆域布置。港口总平面布置模式有天然掩护式港口、人工掩护式港口、河口型港口、内河港口、开敞式码头、港池式或突堤式码头等。港口水域布置包括港池、航道、锚地的布置，布置时需要综合考虑地形、风、浪、流、泥沙等自然因素和到港船舶性能，保证码头、航道和锚地具有相应的水深，满足船舶安全方便航行、制动、回旋和靠离泊的需要。码头布置要综合考虑水深、地形、地质以及风、浪、潮汐、水流、泥沙、冰等自然条件，满足船舶靠离泊、系泊、装卸作业及陆域用地的要求，方便与水域和陆域的连接。港口陆域布置是根据港口生产各环节的性质、合理安排陆域的装卸作业区、辅助生产作业区域、铁路、公路等。港口陆域设施除堆场、仓库等直接为生产服务的建构筑物外，还有公路、铁路、给排水、供电以及港口正常运营所需的各种设施。现代港口普遍规模较大，港口陆域要求具有足够的陆域面积和范围，以满足码头现代、多元化运营管理功能的要求，还要综合考虑临港物流和临港工业的发展需要，以及为远景发展留有空间。例如，中国新建或改建的集装箱作业区多采用大顺岸（3千米以上）、多泊位（3个以上泊位组，每个组含3个以上泊位）、大纵深（2千米以上）的陆域布置形式。陆域布置时要畅通港内集疏运网络系统，并配套港口对外集疏运通道，港口铁路应方便与国家铁路、高速公路或公路干线衔接，不穿越城市，不穿越或少穿越城市干道，港口铁路也不宜分隔港口生产区。

装卸工艺设计。港口装卸工艺是根据货种、运量和船型等条件确定的，经过比较要选出技术先进、经济性、可靠性、适应性、安全性好的装卸工艺方案。

施工方案。根据工程项目特点、主要工程量、施工机械设备，研究选取工期短、造价便宜、效益高的施工方案。①投资及效益分析。根据建设规模、设计及施工方案等，计算建设所需投资、港口建成后的年营运费用和利润、投资回收期和投资效益等。②水工建筑物施工。水工建筑物是港口的重要组成部分，一般包括码头、防波堤等。码头按结构类型分为重力式码头、板桩码头、高桩码头。防波堤是防御波浪对港域的侵袭，保证港口具有平稳的水域。③仓库、堆场和铁路、道路施工。仓库和堆场是供货物装船前和卸船后短期存放使用的，多数较贵重的件杂货在仓库内堆放保存，矿石、煤炭、建材等可放在露天堆场内。铁路和港内外道路是货物集散运输重要设施，当有大量货物需要铁路运输时，需设置专门的港口车站，货物列车可以进行编组和解体。道路连接港口出入口和港内码头、库场、生产辅助设施之间的运输通道，一般分主干道、次干道和辅助道路。④其他配套设施施工。港口的其他辅助设施包括供电、照明、通信、导航等设施，给水排水设施、环保设施、办公设施、候工室、工具库、流动机械库、机修车间等。

港口布局规划

港口布局规划是确定区域港口的总体发展方向，结合各个港口的地位、作用、主要功能与布局等合理规划港口岸线资源，促进区域内港口健康、有序、协调发展，并指导区域内港口编制的总体计划。是港口建设有序、合理发展的重要基础，以及政府指导和调控港口建设与发展的基本手段。

◆ 主要内容

中国的港口布局规划包括全国港口布局规划和省、自治区、直辖市港口布局规划。主要内容有：①分析规划范围内港口发展的基本情况，发展特点和存在的主要问题。②分析腹地经济社会发展现状、趋势及与港口的发展关系，预测区域港口的运输需求和港口吞吐量及构成水平。③分析国内外港口发展趋势，预测水运对区域港口的不同要求。④对区域港口发展进行总体研究，确定港口的总体发展方向。⑤分析规划范围内的港口岸线资源状况，结合国土、水利、城市、交通等相关规划，提出港口岸线利用规划。⑥对规划范围内的港口进行分层次的布局规划，明确主要港口的定位和作用。

◆ 管理与实施

规划编制通常由国家或地方政府授权交通或港口行政主管部门组织，组织单位委托某一单位组成多学科人员参加的规划编制组负责具体编制工作，并经过各有关地区、部门分别工作，再由编制单位综合研究，提出正式成果，交由国家或地方政府审定、批准。根据港口法及相关法律法规的规定，全国港口布局规划由国务院交通主管部门征求国务院有关部门和有关军事机关的意见编制，报国务院批准后公布实施。省、自治区、直辖市港口布局规划，由省、自治区、直辖市人民政府根据全国港口布局规划组织编制，并送国务院交通主管部门征求意见，征求意见完成后，批准公布实施。

规划一经批准，即具有法律约束性，任何部门、单位和个人不得擅自变更，保证港口建设按规划要求实施。批准后的规划并不是一成不变的，随着时间的推移以及外部环境的变化，应根据经济社会发展和港口实际需要进行必要的调整或修订。港口规划的修改，按照港口规划制定程序办理。

◆　**基本概况**

中国港口按沿海港口和内河港口分别进行布局规划。

沿海港口布局规划

根据 2006 年 9 月 12 日交通部（现交通运输部）公布的《全国沿海港口布局规划》，中国沿海港口在区域分布上划分为五大港口群体，在主要货类运输上形成八大运输系统。五大港口群体包括：①环渤海地区港口群体。以大连港、秦皇岛港、烟台港、青岛港为主，服务于中国北方沿海和内陆地区。②长江三角洲地区港口群体。以连云港港、上海港、宁波港为主，服务于长江三角洲及长江沿线地区。③东南沿海港口群体。以厦门港、福州港为主，服务于福建和江西等内陆省份部分地区。④珠江三角洲地区港口群体。以广州港、深圳港、珠海港、汕头港为主，服务于华南、西南部分地区。⑤西南沿海地区港口群体。以湛江港、防城港、海口港为主，服务于西部地区和海南省。八大运输系统包括：①煤炭运输系统。由北方沿海地区的秦皇岛港、唐山港、天津港、黄骅港、青岛港、日照港、连云港港等七大装船港，华东、华南等沿海地区专用卸船码头和公用卸船设施组成。②石油运输系统。由 20 万～ 30 万吨级为主导的石油卸船码头和中、小型油气中转码头组成。③铁矿石运输系统。由 20 万～ 30 万吨级为主的铁矿石卸船泊位和二程接卸、中转设施组成。④集装箱运输系统。由大连港、天津港、青岛港、上海港、宁波港、苏州港、厦门港、深圳港、广州港等九大干线港为主，其他沿海支线和喂给港为辅组成。⑤粮食运输系统。国家粮食流通、储备、物流通道配套的粮食装卸码头。⑥商品汽车运输及物流系统。服务于内、外贸汽车进、出口。⑦陆岛滚装运输系统。满足岛屿出行要求和沿海岛屿社会经济发展需要。⑧旅客运输系统。

内河港口布局规划

根据 2007 年 9 月 27 日交通部公布的《全国内河航道与港口布局规划》，中国内河港口划分为 3 个层次进行布局，包括主要港口、地区重要港口和其他港口。①主要港口是指地理位置重要、吞吐量较大、对经济发展影响较广的港口。例如，长江水系的泸州港、重庆港、武汉港、长沙港、九江港、芜湖港、湖州港等，京杭运河与淮河水系的济宁港、徐州港、无锡港、杭州港、蚌埠港等，珠江水系的南宁港、贵港港、梧州港、肇庆港、佛山港等，黑龙江和松辽水系的哈尔滨港、佳木斯港。②地区重要港口是地区性水陆物资转运的基地，服务于周边一定区域内经济发展和物流运输，具有一定的规模货物运输量。例如宜宾港、柳州港、黑河港等。③主要港口和地区重要港口以外的港口是其他港口，其服务范围小、功能单一、吞吐量不大。

在港口布局规划指导下，中国港口已基本形成布局合理、层次分明、功能明确、节约资源、安全环保、便捷高效、衔接协调、市场有序的沿海及内河水陆客货运输系统，基本适应了国家经济、社会、贸易、国防发展的需要。

港口设施

港口设施是用于业务服务或商贸活动的港口公共服务设施，也是大比例尺海图的重要内容。港口设施包括各类突堤、码头、系船柱、船坞、船台等，有时也包括港口服务部门。根据国际海道测量组织及相关各国家海道测量机构制定的航海图制图规范，为了航行船舶进出港方便，及时准确了解港口信息，在大比例尺海图上，通常要求尽可能详细地标示出这些港口设施，在小比例尺海图上则可以进行综合取舍。例如，在比例尺大于 1：10 万海图上，需详细标示码头、船坞、系船浮筒、系船柱等；在 1：10 万～ 1：19 万海图上，标示较大港湾内的码头、防波堤等。通常将港口设施按种类和性质用不同图式符号和注记在海图上加以标示。例如，码头分成顺岸码头、突堤式码头、引桥式码头、栈桥式码头、浮码头等，并用不同图式符号加以区分表示，在需要时还会标注码头名称和码头性质，如渡轮码头、客运码头、危险品码头、集装箱码头等。

港口水域

港口水域指港口所领有的水域范围，属于港区的组成部分。一般包括港口所占有的水面与水下、船舶出入港航道、港池和锚地，与港口相通并为港口所需要的汉港支流以及与海港将来发展可能的临近水域。

◆ 船舶出入港航道

港口水域的划定，应依法呈报法定主管机关批准。港口水域的范围，一般在海图上有明显的标示，保证船舶沿着足够宽度、足够水深的线路进出港口的水域，包括船舶进出港区水域并与主航道连接的通道以及港池间供船舶进出的水道。港口水域须满足两个基本要求：①水域能供船舶安全进出港口和靠离码头。②水域能供船舶稳定停泊和进行装卸作业。为此，船舶进出港航道一般设在天然水深良好，泥沙回淤量小，尽可能避免横风横流和冰凌等干扰的水域。在可能的情况下，航道中线应与主导流向一致，以减少泥沙淤积。采用单行航道还是双行航道，应根据船舶通航的频繁程度而定。在航行密度比较小（如在日平均通航艘次≤1）时，为了减少挖方量和泥沙回淤量，经过技术经济比较和

河南周口内河港出入港航道

充分研究后，可考虑采用单行航道。船舶进港时，须减少航速，不应经受强横风、强横流，因此，航道的宽度一般按航速、船舶横位和可能的横向漂移等因素并加必要的富裕宽度确定。如不能避免强横风、强横流时，进港航道须适当放宽。船舶进出港航道的水深，随着船舶大型化、船舶吨位和吃水量日益增大，如原有进港航道水深不足，而浚深工程量大或在技术上有困难时，海港一般按大型船舶乘潮进出港的原则考虑。

港池

港池既是指供船舶安全停泊及进行装卸作业、水上过驳作业用的毗邻码头的水域，也指供船舶调头用的水域面积或回旋水域，一般需要直径为 1.5 ～ 3 倍船舶长

中国香港国际货柜码头港池

度的圆的面积。港池有天然形成、人工建筑掩护形成和人工开挖而成三种。港池要有足够长的岸线、足够的面积和水深，以便布置码头。对天然掩护条件较差的海港须建防波堤，以满足船舶在港池内的系泊稳定要求。在有防波堤掩护的海港，口门是船舶进出港口的大门，其宽度和方位根据设计船舶尺度、港区范围内的风浪、潮流等资料确定。

锚地

锚地是供船舶安全停泊，接受海关、边防部门的检查和检疫，等候

山东青岛港锚地

泊位，引航，进行过驳作业或编解船队等用的水域。海港中的锚地分港内锚地和港外锚地。港内锚地设在港池内，其面积根据到港船舶密度和过驳作业情况确定。港外锚地设在港池外，可靠近进港航道，但可能占用进港航道。在河港中，一般分设到港锚地和离港锚地，供驳船队进行解队和编队作业。如自然条件允许，到港锚地应布置在专业码头的下游侧，离港锚地布置在专业码头的上游侧，以利驳船队运转。危险品船舶的锚地应布置在港区和城镇下游，并保持一定安全距离。锚地应有适当水深，但不能占用主航道或影响船舶装卸作业与调度。锚地同桥梁、闸坝、水底过江管线等都要保持一定的距离。天然河流在枯水期、中水期和洪水期水位不同，水流情况也有变化，所以锚地的位置往往按不同水期分别布置。锚地底质以沙质黏土和密实沙土为佳，砾石、岩石底质容易走锚，松散粉细沙底容易陷锚，均不宜选作锚地。

码　头

码头是供船舶停靠、货物装卸和旅客上下使用的水工建筑物。

码头按照用途可分为货运码头、客运码头、客货（运）码头、渔码头、轮渡（滚装）码头、工作船码头、军用码头、修船码头和舾装码头等。其中，货运码头又分通用码头和专用码头（即专业化码头）。专业化码头一般配备机械化和自动化程度高的专用设备，用以装卸石油、矿石、煤炭、散粮、集装箱以及液化气等大宗稳定的货物。

码头按平面布置可分为顺岸式、突堤式、墩式和岛式等。其中，顺岸式码头前沿线与自然驳岸线平行或成较小的角度；突堤式码头前沿线与自然驳岸线垂直或成较大的角度；墩式码头为非连续结构，一般由靠船墩、系船墩、工作平台墩、引桥、人行桥等组成；岛式码头是离岸较远的孤立式建筑物，多用作石油、天然气码头，通过管线与陆域联系。

码头按断面形式有直立式、斜坡式和混合式。其中，直立式码头前侧为直墙，便于船舶停靠和作业；斜坡式码头前方断面呈斜坡状，下部设可随水位变动的作业平台或趸船，通过斜坡道上的缆车与岸上联系；混合式码头有上部直立式下部斜坡式的半直立式和上部斜坡式下部直立式的半斜坡式两种。由可变坡引桥进行趸船与岸上直接联系的码头称为浮码头。

码头按结构型式分为重力式、板桩式、高桩式和混合式等。其中，重力式码头由沉箱、方块等构件形成直立墙体，依靠本身自重力保持稳定；板桩码头由进入地基的连续板形构件和锚碇结构组成，依靠板桩墙在地基中的嵌固作用和锚碇结构保持稳定；高桩码头由基桩和桩台组成，通过基桩将码头荷载传给地基；混合式码头根据实际条件和使用要求等对上述基本型式进行组合而成，如桩基重力式、高桩板桩式等。

码头建筑物依据用途、靠泊等级以及自然条件等进行设计建造。

自动化码头

自动化码头是应用自动化作业设备、传感器以及配套管理程序和控制软件，使码头装卸作业工艺系统实现自动化的智能码头系统。比较成熟和有代表性的是自动化集装箱码头，大型散货码头的自动化装卸也取得了较快进展。

20 世纪 80 年代中期，开始探索发展自动化集装箱码头。经过 20 多年的创新改进，以及新的设备自动化技术、管控系统技术和网络技术快速升级，集装箱自动化码头逐步发展和完善。1993 年，荷兰鹿特丹港的欧洲集装箱码头（European Container Terminal; ECT）——三角洲码头（Delta Terminal）利用传感技术建成了世界上第一座自动化集装箱码头。2002 年，德国汉堡港建成自动化集装箱码头（Container Terminal Altenwerder; CTA）。2008 年，荷兰鹿特丹港自动化集装箱码头（Euromax）投入运营；2015 年，中国厦门港远海自动化集装箱码头。2017 年，中国上海国际航运中心洋山港区四期自动化集装箱码头建成投产。全球已经建成使用或正在建设的自动化集装箱码头有 50 多座。

自动化码头主要由 3 个作业环节组成：由集装箱装卸桥组成的码头装卸船环节、由轨道式集装箱龙门起重机为主要代表的集装箱堆场作业环节和由自动导引运输车或跨运车组成的码头与堆场间的水平运输环节。集装箱码头堆场作业相对比较容易实现自动化，只在堆场作业环节实现自动化的集装箱码头为半自动化集装箱码头；水平运输的自动化涉及随机路由决策、智能交通规划、自动定位、大容量信息处理和无线通信技术支撑，比堆场自动化技术难度大；装卸船作业环节，由于船舶在

上海洋山深水港自动化码头

波浪和风载情况下的运动具有不可预测性，以及船舶布局和结构的差异，实现自动化的难度最大。3 个作业环节均实现自动化的集装箱码头称为全自动化集装箱码头。

目标是实现自动化作业、安全运行、高效率作业、低成本运行。综观世界自动化集装箱码头，其技术已由最初的无人操作向高效、智能化方向发展，随着劳动力成本的攀升和智慧港口、绿色港口建设的推进，将越来越多地采用高效率、低风险、少用人和高可靠性的自动化码头技术。

散货码头

散货码头是适用于散货船舶进出、停泊、靠泊，散货装卸、驳运、储存等功能，具有相应的码头设施，由一定范围的水域和陆域组成的区域。

◆ 基本内容

散货主要是指散装运输的货物。主要分为干散货和液体散货两类。

干散货是指不加包装呈松散状态的块状、颗粒状、粉末状货物。干散货往往是原材料货物，一次装卸搬运的数量较大，属于大宗货物，典型的干散货主要包括铁矿石、煤炭、粮食、铝矾土和磷矿石。由于干散货中各货种物理特性不同，故港口装卸工艺也有所区别。一般而言，由于散粮具有清洁的特性，因此，其装卸工艺与煤炭、铁矿石等干散货的装卸工艺有所不同。液体散货是指不使用包装，利用管道或泵进行装卸，直接装入仓库或者槽罐进行运输的各种液体货物。典型的液体散货主要包括石油及其石油产品、液体化工原料、液化天然气、植物油、其他液体散货。

因此，散货码头也分为干散货码头和液体散货码头。干散货码头是指矿石、煤炭、粮食、铝矾土、磷矿石、砂石等货物通过进出口装卸工艺等进行装卸作业的专业码头。液体散货码头是指原油、成品油、液体化工品、液化石油气（LPG）、液化天然气（LNG）介质等液体介质用管道装卸和运输的专业码头。

在干散货中，煤炭、铁矿石、散水泥、化肥和粮食的许多特性，对其装卸工艺和存储保管有较大的影响。如煤炭与铁矿石的物料容重、自然坡角度、颗粒（块度）、外摩擦系数、冻结性、发热和自燃性、扬尘性以及脆弱性，化肥的吸湿性、易

江苏连云港港口散货码头

燃性和易爆性，水泥的水化和硬化，化肥与水泥的腐蚀性、扬尘性等，以及粮食的食用性、吸附性、热特性、爆炸性、散落性及扬尘性。

在液体散货中，石油和液体化学品的某些特性也影响着码头的装卸，如石油的易燃性、爆炸性、挥发性、扩散性、纯洁性、易产生静电性、黏结性、膨胀性、腐蚀性、污染性与毒害性，液体化学品的易燃烧、爆炸范围大、毒性大、腐蚀性强、相对密度范围大、黏度大、蒸气压高、沸点低、反应性、污染性、敏感性、聚合反应等特性。

◆ 装卸工艺

干散货码头装卸工艺

干散货码头出口装卸工艺主要由卸车作业、堆场作业和装船作业3个工艺环节组成。其中，卸车作业工艺涉及的机械有翻车机、螺旋卸车机、链斗卸车机和自卸车，堆场作业工艺涉及的机械有输送机、堆料机和取料机，装船作业工艺涉及的机械有装船机、输送机等。出口装卸工艺流程主要有（火）车→堆场，堆场→船、驳船，（火）车→船、驳船。

进口装卸工艺主要由卸船作业、堆场作业和装车作业3个工艺环节组成。其中，卸车作业工艺涉及的机械有连续卸船机、抓斗起重机等，堆场作业工艺涉及的机械有带式输送机、堆料机、取料机，装车作业工艺涉及的机械有高架存仓、漏斗、输送机构成的装车系统等。进口装卸工艺流程可分为船→堆场的进场作业、船→驳船的水－水中转作业、场→车的装车作业以及船→车的直装作业等。

油码头装卸工艺

液体散货码头又称油码头。其装卸方式可分为靠码头直接装卸、通过水下管道装卸、水上直接装卸等 3 种。在油罐车装卸方式上，装车方式方面，中国大部分铁路轻油罐车均无下卸口，故采用鹤管上装为主。罐装方法有泵装和自流装车。其中，自流装车是在有条件的地方，利用地形高度差自流罐装。卸车方式方面，油罐车卸车分原油及重油卸车和轻油卸车两种方式。原油及重油卸车时，采用密闭自流下卸方式、敞开自流下卸方式与泵抽下卸方式。轻油卸车均采用上卸方式，所以要设卸油台，卸油台与装油台基本相似。装卸工艺流程主要有卸船进罐、装船、船船直取、车船直取作业等，另外还有泄空、置换及吹扫等附属工艺作业。

件杂货码头

件杂货码头指适用于件杂货船舶进出、停泊、靠泊、装卸、驳运、储存等功能，具有相应的码头设施，由一定范围的水域和陆域组成的区域。

◆ 内涵

件杂货通常是指单件运输和保管的货物。由于件杂货的外形及其包装形式多而杂，所以又被称为杂货。从港口作业的角度，件杂货可分成袋装货物、捆装货物、箱装货物、桶装货物、筐装及罐装货物、其他货物；从货物特性的角度，件杂货分成稳定性货物、半稳定性货物、易变质货物、危险性货物等。

大多数件杂货都可以通过集装箱完成运输。所以说，件杂货运输的发展方向是成组化、集装箱化，但是有些件杂货不适宜用集装箱来运输，因此，件杂货这种运输方式一直延续至今，无法被集装箱运输完全取代。

◆ 装卸工艺

根据件杂货装卸机械系统的机械配置，典型的件杂货装卸工艺布置形式主要有船舶吊杆－流动运输机械系统的线仓库形式，门机起重机－流动运输机械的线堆场、线仓库形式。其中，船舶吊杆－流动机

河北秦皇岛港件杂货码头

械系统的布置形式为线仓库，布置要点主要集中在前方作业地带宽度和仓库的主要尺寸这两方面。门座起重机－流动运输机械系统的布置形式为线堆场、线仓库，布置要点主要集中在码头前沿与门座起重机海侧轨道中心线间距、起重机轨距、线堆场和道路及其流动机械在库前的制动距离4个方面。典型件杂货装卸工艺流程主要包括船→库（场），船→驳船，船→卡、火车，驳船→驳船，驳船→卡车，库（场）→卡车、火车，卡车→驳船（库、场）这些方面。

◆ 分类

主要分为传统件杂货码头和多用途杂货码头。传统件杂货码头是凸堤式布局。件杂货码头是为件杂货船的换装作业服务的。杂货船是载运各种包装或成件货物的运输船舶，为提高件杂货船对各种货物运输的良好适应性，能载运大件货、集装箱、件杂货以及某些散货，现代新建杂货船常设计成多用途船。为满足多用途船换装作业过程的需求，多用途

杂货码头逐渐兴起。

液体散货码头

液体散货码头指用管道装卸和输送原油、成品油、液体化工品、液化石油气（LPG）、液化天然气（LNG）等介质的专业码头。由于液体散货品种多，需求量大，在产地与加工地、加工地与消费地之间存在着巨大的差异，从而形成了很大的货运量，也带动了液体散货船的发展。

◆ 装卸设备

用于液体散货装卸的设备主要为布置于码头前沿的港口输油臂（流体装载臂），也有的采用输油软管，液体化工品码头采用软管装卸较多。装载臂具有输油效

江苏省滨江城市仪征港万吨液体散货码头

率高、安全性好、自动化程度高等优点，因此在油品码头上得到广泛运用。随着技术的发展，装载臂与油船集油口的连接方式也由传统的螺栓连接，改为液动或手动型快速连接器，大大减轻了现场劳动强度，缩短了船舶的作业时间。

◆ 平面布置

液体散货码头分为有墩式、簇桩式和平台式结构。为节省投资，多采用孤立墩式结构。平面形式上分为蝶型布置和码头两侧靠船的一字型

布置，两种布置形式区别在于系缆墩的位置不同，蝶型布置因一侧靠船，将系缆墩向码头后方移动，以便起到既加长缆绳长度又可以调整系缆角度的作用，从而改善缆绳的受力条件。

◆ **构筑物结构**

液体散货码头构筑物一般由系缆构筑物、靠泊构筑物、装卸平台及连接各构筑物间供码头的操作人员行走的人行桥组成。

港口生产组织

港口生产组织是为了确保港口生产的顺利进行所进行的各种人力、设备、材料等生产资源的配置和生产计划安排。

◆ **主要内容**

港口生产组织既有港口企业生产活动的具体安排，也包括政府对国家、区域经济发展重要物资、紧急救灾物资，以及国家对外支援和接收援助物资调动的宏观协调。主要为港口企业的生产组织。

港口生产的组织过程实质是通过人的思维对各种生产要素进行合理组合的过程。所谓合理组合就是根据一定的组织原理进行统筹安排，使港口各环节的能力与船舶流、车流、货物流在空间上、时间上、经济上得到统一。

港口的整个生产过程是由生产准备过程、基本生产过程、辅助生产过程和生产服务过程组成的。无论任何组织形式，都应该使港口生产保持连续性、协调性、节奏性和经济性等基本原则。

在港口生产组织原理上，船舶、火车在港口换装作业是港口生产的基本单元。船、车的装卸作业是港口生产过程的核心。因此，船、车作业计划，装卸作业组织是港口生产管理的中心环节。

◆ **作用和影响**

港口生产组织是在相当广泛的范围内进行的。不论生产的社会形式如何，劳动者和生产资料始终是生产的因素。但是，两者在彼此分离的情况下只在可能性上是生产因素。凡是要进行生产，就要把它们结合起来。港口生产组织理论就为这种结合提供了保证，把港口生产活动的各种因素按照一定的层次和规律组织起来，使生产过程的各个环节在空间上和时间上科学地组织在企业的生产目标之中。

港口企业

港口企业是指从事港口装卸活动和港口业务生产经营，为社会提供服务，以经济效益为目的，服从社会经济发展需要的经济组织。

◆ **港口业务**

港口业务是指在港口内为运送货物、旅客而向船舶、货主和旅客提供的服务，包括船舶进出港、靠离码头、装卸作业、船舶供应等服务，货物的装卸、搬运、储存、理货等以及其他与货运有关的服务，旅客候船、上下船舶及其旅行所需要提供的服务等。

◆ **主要职责**

包括：根据国家有关法律、法规和规章制度，自主从事港口装卸、驳运、仓储、堆存等经营活动；按照市场需求组织经营，对出资者承担资产保值增值的责任；严格遵守经主管部门审定的港口发展规划；按照港口管理机构的要求及时报送企业的经营、管理等情况和统计报表；参与港口的建设和技术改造方案设计的审查及生产工艺的选择；利用自有资金和贷款进行技术改造；按期缴纳税费和租金；积极开展教育培训，不断提高员工素质；建立科学的企业领导体制和组织管理制度，调节所有者、经营者和员工的关系，形成激励和约束相结合的机制。

◆ 经营管理职能

港口企业经营管理是涉及大量相关企业经营活动的专业分工总和，因此，港口企业经营管理结构具有高度的复杂性。

港口企业经营管理涉及的业务主要包括：船舶服务、为发货人和收货人提供的服务（从发货人手中接收货物或向发货人交付货物的货运代理业务和按发货人要求将货物进行仓储的仓储业务）、港口内货物装卸和搬运、港口经营辅助性业务、港口业务信息的协调、港口设施的管理等。这些港口业务既可以由一家港口企业的业务全部覆盖，也可以分别由多家港口企业经营。

港口管理体制

港口管理体制是港口管理系统的结构形式和管理制度的统称。

◆ 概念形成

港口管理系统的结构形式包括决策权限、组织方式、机构设置、监督方式、调节机制等。管理制度包括管理结构、管理原则、管理方式等规范，由规定、章程等加以保障和确认。基本内容包括港口宏观管理体制、微观管理体制。港口管理系统的结构形式，由各个层次、各个单位的纵向隶属关系和横向协同配合关系，以及各层次、各单位的决策权限、组织方式、机构设置、监督方式、调节机制等所构成。为保证港口管理体制稳定而有序地实现其功能，须把港口管理系统的结构、管理原则、管理方式和方法等规范化，形成制度，由法律或具有法律意义的规定、章程等加以保障和确认，称为港口管理体制。确定港口管理体制须正确处理民主与集中，集权与分权，责任、权力与利益的相互关系。

◆ **基本内容**

港口管理体制的基本内容可分为宏观和微观两个方面。港口宏观管理体制是指国家机关在组织领导和管理港口所实行的管理形式、管理方法和管理制度，规定了整个港口经营系统的组织结构和运行方式，体现了国家、地方、港口和个人之间的相互联系和利益关系。从世界各国港口管理体制演变的总趋势看，主要是"两分开"，即政企分开、资产所有权与经营权相分离，并在"两分开"的基础上实行属地化管理、政府和私人共同参与管理等港口管理体制。港口微观管理体制是指港口企业单位内部的领导制度、机构设置、隶属关系、职权划分、利益分配等。根据港口行政管理和经营管理的形式和性质的差异，港口微观管理体制可以划分为地主港管理模式、港务公司管理模式、私人企业管理模式等。

◆ **发展历程**

中国港口管理体制

中国港口管理体制经历了由中央管理、到中央和地方双重领导、再到属地化管理的演变过程。新中国成立初期，中国港口一直由中央管理，实行"政企合一，港航一体"的管理体制。改革开放后，中国港口管理体制步入了不断改革完善的阶段，共进行了3次重大改革。第一阶段是政企分开试点。1982年，大连港率先进行了改革，把港口管理局和装卸联合公司分成两个性质不同的独立单位。1984年，交通部（现交通运输部）撤销了长江航运管理局，组建长江航务管理局和长江轮船总公司，实行政企分开。第二阶段是中央和地方双重领导。1984年，国务院批准交通部、天津市《关于天津港管理体制改革试点问题的请示》，同意在天津港进行港口管理体制改革试点，实行中央与地方政府双重领导，以地方为主的管理体制。从1984年至1988年，按照成熟一个下放一个的原则，除秦皇岛港外，沿海14个港口分四批均改为双重领导。第三阶段是属地化管理改革。1987年，国务院批准原国家经委、交通部《关于长江管理体制改革的请示》，确定将长江干线的重庆、武汉等23个主要港口全部移交给所在城市。2001年，国务院办公厅下发《关于深化中央直属和双重领导港口管理体制改革的意见》，将由中央管理的秦皇岛港以及中央与地方双重领导的港口全部下放地方管理。2001年，港口管理体制改革为当年中国加入世贸组织扫清了体制障碍，提前完成了起跑加速阶段的准备。随着经济发展步入新常态，运输需求增速放缓，原有的发展模式已经不能适应要求。2014年，交通运输部及时出台了《交通运输部关于推进港口转型升级的指导意见》；2015年，在江苏和广西两地开展了区域港口一体化区改革的试点工作；2017年，交通运输部办公厅、天津市人民政府办公厅、河北省人民政府办公厅出台《关于印发〈加快推进津冀港口协同发展工作方案（2017—2020年）〉

的通知》等文件，进一步推动港口管理体制的改革。

国际港口管理体制

国际港口管理体制不尽相同，各国针对自身的自然条件、经济发展和社会历史背景，选择有利于港口发展的管理体制。

美国港口管理体制实行政企分开的属地化管理，联邦政府不设主管港口的专门机构，港口建设和宏观管理事务由多部门负责，港口规划和管理由地方政府（州、郡、市）港口管理部门负责。地方政府设立的港务局统一管理和经营港口，个别港口由州政府管理。港务局一般由港口委员会管理，委员会成员由相应级别的政府机构任命或者民选产生。委员身份在很大程度上是荣誉衔，在港务局工作属于义务的无偿服务，没有薪水报酬。管理委员会像公司的董事会一样从全局来监管机构的运作。大多数的具体政策先由港务局的日常行政机构来策划，后经委员会同意后生效。许多地方的港口管理采用"公共企业"方式，即由政府或政府授权特许经营、不以营利为目的的垄断企业。其主要职责是建设、维护和经营港口公共设施。港口装卸业务一般由私营公司经营。港口公共企业的股东大部分由地方政府出资设立。联邦政府和州政府的投资多用于港区外进港航道的建设和维护，不对港区内基础设施投资。港区内基础设施投资由港务局负责。19世纪初至19世纪末，美国港口管理体制经历了从私有到国有的演变过程，20世纪初至20世纪末，又出现了港口合并或者组合港现象。近年来，随着港口商业化和私有化，由政府和私营公司出资设立"公共企业"或将原有的"公共企业"改造为合营公司的现象比较普遍。

　　欧洲各国港口管理以经济发展为中心,面向世界树立"大港口"理念。尽管各国港口管理体制不尽相同,但基本上实行政企分开、资产所有权与经营权相分离的管理体制。港口管理主体为地方政府,中央政府作用不明显,不设专门管理港口的机构。港口规划和投资均为州政府事权,中央政府只对跨州的交通建设进行规划和投资。如德国,20 世纪 80 年代对港口股份制和码头经营私有化改革后,使港口基础设施管理完全与经营性设施管理相分离。港口所在州或城市成立港口管理股份制公司,直接代表国家对港口资产,包括港池、码头、场地、港区公路、铁路、供水电气和通信等基础设施管理。港区范围内的基础设施均由地方政府规划和投资。联邦政府原则上不直接投资和管理港口,但港口资产属于国家。对于港区内各种地面设施、设备,则本着"谁投资,谁受益"的原则,由私营企业投资建设。

　　日本港口管理体制采用政府、私人共同参与管理的方式,以保证海运为基础的贸易立国的基本国策。中央政府在港口管理和协调发展中的作用与欧美国家相比更为突出。日本的《港湾法》以法律形式明确了中央、地方、港口当局、企业的责权利。港口开发建设纳入国家和地区经济发展的总体规划,明确政府在港口建设中的投资责任,确保国家对港口的所有权,强调地方政府对港口的管理权,强调企业的独立经营权,禁止港口管理机构妨碍和干涉私营企业的正常业务活动等。政府以国家财政支持为主承担了大量港口基础设施建设、规划和维护,私营企业投资经营性设施并经营港口,把政府对港口权利的控制与私营企业的经营能力高效地结合起来。

港口生产指标

港口生产指标是一组综合反映港口生产、经营活动状态、特征的信息。由装卸工作量指标、装卸效率指标、车船作业停留时间指标、设备运用指标、劳动指标、安全质量指标等组成。

◆ 指标要点

中国港口生产指标的要点包括：①科学依据。任何一项指标的含义、计算方法要有科学依据，能正确反映港口生产经营的实际情况，有助于港口生产发展。②量化可比。有比较才有鉴别，才能够有正确的评价。比较既考虑横向的比较（前后左右的比较），又考虑纵向的比较（古今中外的比较）。横向比较要求统一口径，纵向比较要求有相当的稳定性，不能随心所欲地变来变去，同时还要熟悉各地区各个时期指标的变动情况，包括指标的含义、统计范围、计算方法等方面。③统一标准。指标的含义、范围、计算方法等应该有统一的标准，特别是计划、考核指标要符合国家统计局的规定。

◆ 分类

按作用分，可分为统计指标、计划指标和考核指标三类。①统计指标。是企业对生产经营活动实行全面控制所建立的基本指标系统。统计指标包括计划指标和考核指标，它的统计范围是最广的。主要包括港口吞吐量、各种运输方式的中转量、不同货种的数量、货物装卸的破损率等指标。②计划指标。是企业生产计划中规定必须达到或完成的生产目标。它是执行计划的依据，也是指导生产和实行考核的基础。主要包括完成的港口吞吐量、工时、工班作业量、出勤等指标。③考核指标。是对企业或各部门生产、经营、管理工作的好坏进行评比、奖惩的衡量标准。它可以是计划指标的内容，但又不完全是计划指标，考核可以侧重于生产中某些薄弱环节。主要包括完成任务数量、工时效率、质量问题等指标。

考核指标一般不宜多于计划指标，故人们常常把统计指标称为塔基，计划指标比为塔身，考核指标就是塔尖，从而形象地反映了它们之间的关系。

按性质分，可分为数量指标和质量指标两大类。①数量指标。用来反映港口生产经营活动的规模和应达到或已达到的数量水平，它们通常用绝对数来表示。②质量指标。用来反映港口生产经营活动所应达到的或已经达到的效果和工作量的水平，它们用相对数表示。

数量指标是质量指标的基础。因为任何质量指标都是数量指标之间或数量指标与时间的比值，所以，数量指标设置的合理与否，与人们对生产经营活动的认识关系很大。

◆ 作用

港口企业是整个运输系统和国民经济的重要组成部分，它的生产经营总目标应满足国民经济、运输市场发展和人民生活的需要，在满足社会经济效益的同时，港口企业应追求良好的经济效益。港口企业为实现这一总目标，须充分调动全体员工的积极性和创造性，合理利用港口的各项资源，协调港口内部各部门之间，以及港口与环境之间的关系。为了便于分析与比较上述种种现象与特征，除了定性分析以外，还须采用数量化的生产指标表示方法。

港口吞吐量

港口吞吐量是在一定时期内进出港口旅客及货物的数量，是港口指标体系中最重要的产量指标，是衡量港口生产任务大小和规模的主要指标。

◆ **基本内容**

港口吞吐量，分为港口旅客吞吐量和港口货物吞吐量。港口旅客吞吐量是在一定时期内由水运乘船进出港区范围的旅客数量，包括旅游船进出港区的旅客人数，但不包括港区内轮渡、市内短途旅客数量和无票儿童人数，计算单位为人次。港口货物吞吐量是在一定时期内经由水运进出港区范围，并经过装卸的货物数量，包括邮件及办理托运手续的行李、包裹以及补给船舶的燃料、物料和淡水，计算单位为吨。货物吞吐量包括出口量和进口量两部分。出口吞吐量是指从本港装船运出港口的货物数量。进口吞吐量是指由水运运进港口卸下的货物数量。

在计算方法上，陆运转水运（出口）和水运转陆运（进口）1 吨货物，吞吐量记为 1 吨；水－水中转货物，即由水运进口再由水运出口，1 吨货物吞吐量计为 2 吨。

◆ **作用和影响**

港口吞吐量是衡量港口生产任务大小的主要指标。它反映港口在整个国民经济物资交流中所起的作用，是进行港口规划、建设、劳动力配备和计划管理的主要依据。从它的构成、流向、流量的变化，又可反映出各港口之间的经济联系，腹地范围及其生产配置和对外贸易发展等情况。

港口吞吐量一方面反映了港口在国民经济和社会发展中的地位和作用，另一方面，也是政府和港口企业管理港口的主要指标之一，是港口设施和经营管理水平的综合性反映。在港口经营计划中，吞吐量计划是最基本的计划，其他计划的编制都以它为基础。在港口规划设计中，港口吞吐量的预测是确定港口通过能力、规模的重要依据之一。

港口经济贡献

港口经济贡献指港口及与港口相关经济活动对社会经济的贡献。

◆ 概念形成

港口经济贡献的研究发端于美国。1953 年，美国特拉华港务局发表了《每一吨货对地区经济价值》。此后，美国旧金山港、波特兰港等多个港口陆续发表了港口对区域经济贡献的研究报告。1978 年，美国纽约港务局发表的《美国产业的经济影响——水运业投入产出分析》，应用投入产出模型研究港口对区域经济、就业等产生的影响。1979 年，美国海事管理局公布《港口经济影响软件包》，提供了标准化的研究方法，提升了透明度、可信度和可比性。1986 年，美国海事管理局组织对软件包进行了修订，以投入产出法为核心，计算港口的直接、间接和诱发影响。此后，还出现了许多完善的分析模型软件，港口经济影响的概念及方法已经基本成熟，利用这些方法、工具，各国学者都针对本国本地区的港口情况做了大规模的研究。进入 21 世纪，中国上海、天津、深圳等多地港口也进行了港口经济贡献的研究。

◆ **基本内容**

港口经济贡献的研究主要集中在两个方面：一是港口相关经济活动分类及范畴界定，二是经济贡献的计算方法。根据港口对地区经济发展作用层次的不同，一般分为直接经济贡献、间接经济贡献和诱发经济贡献。经济贡献评价的核心指标是增加值和就业，其中增加值的定量分析方法主要包括投入产出法、乘数模型方法、系统动力学方法等。美国海事管理局组织设计的软件包是采用系统动力学方法。中国港口经济贡献研究多采用投入产出法和乘数模型法。

◆ **作用**

港口是地区经济的重要组成部分，港口所创造的经济贡献，不仅仅是码头换装作业，通过定量计算港口带来的增加值和提供的就业机会，能够更客观评价港口在国家及地区发展过程中的地位和作用。

港口装卸

港口装卸是指在港口区域对货物进行的各种搬运作业。

港口作为交通运输网络中的水陆运输枢纽，通过港口装卸的操作过程完成货物的集散以及船舶、车辆等载运工具之间的换装。港口装卸主要包括码头前沿的装卸船作业、码头前沿与后方间的运输作业、仓库堆场的堆码拆垛作业、铁路车辆和汽车的装卸作业、理货和分拣作业，以及清舱、平舱、计量、取样、分装、开关舱板和船舶靠离码头系解缆绳等辅助作业。

按照货物形态，港口装卸的作业对象主要为干散货、液态散货、件杂货、集装箱以及滚装车辆。港口装卸的操作过程是根据一定的装卸工艺完成一次完整的搬运作业的过程，这是港口最基本的生产活动。

港口装卸

港口装卸的操作过程可分为两种形式：一种形式是货物从到港船舶卸下后运到库场，经过短期堆存后，再从库场装上车辆运出港口或运到码头前沿装船运出港口，或者按相反顺序，这种形式一般称为间接换装；另一种形式是货物从到港船舶卸下后直接装上车辆或另一艘船舶运出港口，不再运至库场堆存，或者按相反顺序，这种形式一般称为直接换装，又称直取作业。一般来说，操作次数越多，完成货物换装所耗费的人力、物力就越大，因此，港口会尽可能增加直取比重，减少货物入库场数量，但直取作业时车船停留时间往往较长。由于船、车、港、货等不平衡关系的影响，港口装卸作业大部分是以间接换装方式进行的。

港口装卸工艺

港口装卸工艺是指港口装卸、搬运货物的方法和程序，是港口生产的主要内容。

港口装卸工艺直接影响装卸效率、港口通过能力、车船周转、货运质量、装卸成本、劳动条件等，是码头泊位数、库场面积、车辆装卸线长度等设计的重要依据。选定合理的装卸工艺，是港口工程设计的重要内容之一，同港口建设规模、总体布置、码头类型和经济效益都有密切关系。

◆ **影响因素**

影响港口装卸工艺方案选定的主要因素有：①货运量、货种、流向及其季节性变化等。②件杂货的包装规格和对装卸存放的特殊要求，散货的块度、容重、堆积角（堆放时自然形成的边坡角度）、化学稳定性、黏滞性、吸潮性、脆性、毒性、腐蚀性和对装卸存放的特殊要求。③船舶类型及其主要尺度、船舶的装卸条件，如舱口数、舱口尺寸、间距、各舱载货量。④货物的集疏运方法。⑤到港列车类型、规格、载重量和每昼夜取送车次数。⑥进出港汽车及拖挂车类型、规格、载重量。⑦港口所在地区的自然条件，如地形、地势、水文、气象、潮汐特征和工程地质条件等。在考虑这些因素的基础上，研究采用能提高装卸效率、减轻劳动强度、满足生产需要的先进适用的港口装卸机械，专业化的泊位宜采用效率高、设备台数少的工艺系统，并做到各工艺环节之间衔接配套。经过多方案比较论证，选取安全、环保、高效、低成本的装卸工艺。

◆ **工艺种类**

港口装卸工艺因货种而异，通常分散货、件杂货、集装箱、多用途和滚装等装卸工艺。各种货物的装卸程序因货物流向不同而异。对进港卸船货物，又称进口货物，即通过水运到达港口的货物，装卸程序一般是：货物由船上卸至码头（卸船），由码头运入仓库或堆场（中间运输），在库场内堆码（库场作业）贮存，装车运出。有些货物由船上直接卸到车上。对出港装船货物，又称出口货物，即通过水运运离港口的货物，装卸程序则相反。此外，根据各港具体装卸工艺和流程不同，还有货物的水上转载作业工艺，又称过驳作业，即俗称的水－水中转，将船上的货物不上岸而转载到另一船或驳船上。通常用于大船减载或驳船转运。部分危险品货物按照安全管理规定不得在港口储存，须采用直装直卸工艺，即由港外运至码头直接装船，或由船上卸到专用车辆后直接运出港口。

散货装卸工艺

散货码头专业性强，装卸工艺根据物料基本特性不同，分为煤炭、矿石、散装化肥、散装水泥、散粮以及液体散货，如油气及液态化工品装卸工艺。按货物出港和进港又分为卸车装船工艺和卸船装车工艺。

煤炭、矿石等散货卸车装船工艺

煤炭、矿石等散货卸车装船，火车一般多采用翻车机系统或螺旋卸车机系统卸车，有些港口也采取带抓斗的起重机或铲车卸车。前者多用于货运量大的码头，后者多用于中小货运量码头。国外也有自卸列车的卸车工艺，需要采用底开门的专用货车车厢。汽运量大的港口，通常自卸汽车直接将散货卸到堆场。从2017年起，中国天津、河北等地的港口为加强环境保护，禁止汽车运输煤炭、矿石等散货，大宗散货只能通过铁路运输。堆场在运量大、货种多时，多配备堆料机和斗轮取料机，堆料和取料分开作业；货种少时，则配备斗轮堆取料机，堆料和取料合一作业。由堆场至码头的中间运输大多采用带式输送机。货运量小的码头，也可用自卸汽车等。海港码头的装船作业一般采用移动式装船机，澳大利亚、巴西等煤炭矿石专业装船码头多采用直线摆动式装船机或弧线摆动式装船机。中小水位差的河港码头一般在直立墩座上配置可旋转、俯仰、伸缩的固定式装船机装船；水位差较大的河港，则在趸船上设可旋转、俯仰、伸缩的装船机装船，在斜坡轨道上设可随水位涨落调整长度的带式输送车向趸船上的装船机供料。一些中等水位差的河港常在浮码头的钢引桥上设固定式带式输送机，与趸船上的装船机衔接，进行装船作业。

煤炭、矿石等散货卸船装车工艺

煤炭、矿石等散货卸船装车，在海港码头和水位差较小的河港码头，多采用桥式抓斗卸船机、带斗门座起重机或带抓斗的普通门座起重机卸船，部分煤炭码头采用链斗卸船机等连续卸船机械卸船。而在大水位差和中水位差的河港则多在趸船上设抓斗起重机或连续式卸船机卸船，在斜坡轨道上设带式输送车（或在浮码头的钢引桥上设固定带式输送机）输送货物。由自卸船载运的散货，则用船上以带式输送机为主的自卸系统卸船。堆场上的堆取料作业同卸车装船工艺相似。装车量大的码头多采用装车机或漏斗式装车储料仓，通常由输送机供料。也可采用带抓斗的起重机或铲车装车等工艺。部分货主码头，如电厂煤码头、钢铁厂矿石码头以及距码头较近的工厂，通常没有装车作业，而是将船上卸下的货物用连续输送机直接送入工厂存货处。为满足越来越严格的环保要求，部分新建煤炭专业化码头采用筒仓取代堆场，煤炭入仓通常采用斜皮带或斗提机通过仓顶入仓，出仓大多采用自流方式，部分采用清仓机清仓。

散粮装卸工艺

散粮装卸工艺流程通常包括卸船入仓、出仓装车、卸车入仓、出仓装船及倒仓等，根据需要还可增加车船直取、拆包、灌包等工艺以及计量、熏蒸、除尘、商检取制样等辅助工艺和设施。卸船通常采用连续卸船机械，如吸粮机、夹皮带卸船机、波纹挡边皮带卸船机、埋刮板式卸船机、螺旋卸船机等，卸船工艺须考虑清仓的需要，卸船机械具备或配备能将清仓设备吊入吊出船舱的能力。部分卸船码头采用配备专用粮食抓斗的起重机卸船。装船通常采用固定溜管、固定装船机、移动式装船机等设备。散粮装卸应采用较少转接环节的工艺流程，以减少粮食破碎和起尘。粮食中通常含有 0.1% ~ 1% 的粉尘，在装卸倒运过程中，如工艺不合理或除尘能力不足会造成粉尘的大量飞扬，高过粉尘爆炸浓度下限后遇到具有足够能量的点火源后很可能发生粉尘爆炸。因此，粮食码头装卸工艺和设备必须采取防爆措施，在散粮装卸工艺设计和设备选型时应符合国家环保和防爆等相关标准的要求。

液体散货码头装卸工艺

液体散货码头装卸通常包括卸船、装船、车船直取、船船直取作业等，还包括泄空、置换及吹扫放空等附属工艺作业。卸船作业主要利用船泵压力接卸，将船载液体散货通过输油臂或软管连接码头管线直接送入港区储罐。装船作业按照港口地形条件有两种方式：一是港区设置高位储罐，利用重力流装船；二是采用装船泵，将储罐内的货品泵送至船舱。车船直取工艺一般用于铁路油槽车、油船联合作业，受车辆调度、车船匹配影响，装卸效率不高，在大型油品码头很少采用。船船直取作业适用于有转载转运需求的码头，是将载货船舶上的货物直接装卸到预先靠泊的空载油船上，对栈桥式两侧靠泊的码头尤为适用，可以提高港口装卸效率、节能降耗、缩短货物在港时间，也有利于港口安全生产。

件杂货装卸工艺

件杂货种类较多，大都采用通用的装卸工艺和装备。因外形、尺寸、重量、包装等不同，件杂货装卸运输作业复杂，作业效率不高。成组化、袋装化、吊具索具网络化、单元化，以及适箱货物集装化，均是提高件杂货装卸作业效率的有效手段。

件杂货装卸工艺分为船舶装卸、水平运输、库场作业、车辆装卸等工艺。件杂货装船卸船，一般都是通过甲板上的舱口将货物吊进吊出。这种作业有的是利用杂货船上的船舶起货设备，如吊杆装置、甲板起重机等；有的则是利用码头前沿的装卸机械。设备起重能力根据货物种类、单件重量及成组单元重量确定。在海港和中小水位差河港的直立式码头，通常在前沿配置门座起重机装卸船。袋装货物装船一般采用袋物装船机，通过带式输送机或螺旋滑板送入船舱。20 世纪 80 年代出现的夹皮带装船机，袋装货物被装船机上的夹皮带送入船舱，经人工或机械辅助堆码，效率可达 2000 袋 / 小时，作业效率有很大提高。袋装货物的卸船通常也采用连续卸船设备，由人工或机械辅助将船舱内的袋装货物放到移动式带式输送机上。

水平运输通常采用牵引车拖挂平板车，短距运输也有采用叉车等方式。库场作业包括堆垛、拆垛、转运等作业。堆场通常采用叉车、轮胎式起重机、轨道式门式起重机等进行作业。库内采用叉车、桥式起重机以及轮式、桥式自动码包机和堆垛机、连续输送机等进行堆拆垛和转运作业。车辆装卸分火车装卸和汽车装卸，装卸火车棚车多用叉车装卸车，装卸敞车则多用桥式起重机或其他类型的起重机。袋物装卸车有时采用专用机械，如袋物装车机或袋物输送机，可提高袋装货物的装卸效率。装卸汽车的库场通常配备供流动装卸机械搬运货物所用的作业平台，固定式平台配备可适应不同运输车辆车厢高度的过渡平台或渡板。大水位差和不宜建直立式码头的中等水位差的河港，一般在趸船上设起重机装卸船，用缆车进行上下斜坡道的运输作业，缆车作业方式有直接载货和载运流动机械两种。用流动机械如叉车、牵引车与挂车、电动或燃油平板车等进行缆车和库场间的搬运。

集装箱装卸工艺

集装箱运输自问世以来，以其标准化、先进高效、便于管理和多种运输方式参与的特点，具有传统件杂货运输不可比拟的优势，取代了大多数件杂货运输方式，堪称运输方式的革命。集装箱装卸也因集装箱的标准化而变得简单快捷。集装箱装卸工艺主要包括码头前沿装卸、水平运输、堆场作业、拆装箱等作业流程。专业化集装箱码头一般采用岸边集装箱起重机装卸船，部分多用途码头采用多用途门座起重机装卸船，装卸效率不高。水平运输主要指由码头前沿到集装堆场间的运输，专业化集装箱码头一般不采用外部车辆，通常采用底盘车系统（又称拖挂车，即集装箱汽车）或跨运车进行码头前沿至堆场的水平运输作业。自动化码头多采用集装箱自动导引车和自动行驶跨运车进行水平运输，无人驾驶拖挂车和自动移箱输送系统也在尝试应用。堆场作业通常采用轮胎式门式起重机（RTG）、轨道式门式起重机（RMG）和跨运车进行堆存和装卸车。部分采用高架桥式起重机或集装箱正面吊运机进行堆场作业。空箱堆场一般采用空箱堆高机作业。部分集装箱作业量小的国外港口堆场采用底盘车系统堆放集装箱，装卸操作环节少，管理简单，但需配备与集装箱同等数量的底盘车，随箱停放与外运，所需堆场面积大。跨运车的优点是能兼作水平运输，不需要底盘车、拖挂车，并能堆高 3～4 层箱，所需场地面积比底盘车系统少，缺点是价格昂贵。跨运车轮压大，要在全场地行驶，因而对堆场地基强度和不均匀沉降要求高。门式起重机系统由于起重机的跨度和起升幅度较大，可堆高 5～8 层箱。这种系统能充分利用空间，相应的存箱量大，通过能力也大，易于实现堆场自动化。门式起重机轮压大，5～8 层集装箱荷载大，因而对堆场地基的要求也高。集装箱拆装箱一般采用箱内叉车进行作业。由滚装船载运的集装箱车装卸属滚装装卸工艺，由专用拖头将集装箱挂车或半挂车直接拖上拖下滚装船。

◆ **发展趋势**

随着船舶大型化和码头专业化以及港口吞吐量的日益增长，港口装卸工艺在不断地革新。港口散货装卸工艺的发展有下述趋势：①由间歇性的周期作业发展为连续作业，并尽可能减少装卸作业中断时间和船舶车辆在港非装卸时间，以提高装卸效率和加速车、船周转。卸车已采用一次可翻卸三节车厢的串联式翻车机，并配备能自动定位的牵引式推车机，配备带旋转车钩的列车，实现列车不解体连续翻卸；卸车或采用底开门列车配合卸车坑道在行进中进行自卸。铁路轨道采用环形布置，以免除列车在卸车时的解体、调车、编组等作业,大幅缩短列车在港停留时间。河港大型散货出口码头,采用定机移船工艺,即配备高效率固定式装船机和分岔溜筒,对规格统一的无人分节驳在移驳绞车系统的拉曳下,纵列不解体,连续装载。对规格不一的驳船组成的驳船队,则采用带有梭动趸船的移驳系统,通过左右更替的装船方式,实现整个驳船队的连续装载。②由车到船的直接装船效率已不能满足高效率装船的要求,所以扩大堆场面积,减少或取消由车到船的直取作业的比重已成为专业化码头的发展趋向。新建的大型散货码头都采用由车到场、由场到船的间接装船程序,即使在有由车到船直取作业条件时,也同时由堆场取料和由列车卸货一并供装船机装船。因此,堆场的作用和重要性大为增加。③装船作业已由多机作业转向于单机或双机作业,以简化输送系统。散货单机装船的生产率已达 16000 吨 / 小时,最高可达 20000 吨 / 小时。④海港活动式装船机由行走式向弧线摆动式、直线伸缩式发展,以减少机械和码头水工建筑的投资。⑤煤炭散货卸船作业除采用门座抓斗卸船机和桥式抓斗卸船机外,正向链斗式卸船机发展。桥式抓斗卸船机的生产率因受抓斗的限制,难以突破 2500 吨 / 小时,而链斗式卸船机的平均生产率则已达 3600 吨 / 小时,最高可达 6000 吨 / 小时。⑥固体散货液化输送新工艺由于投资省、效率高,将在某些散货如硫精砂、黄砂及不因掺水而影响性质的矿石、煤等的运输中得到广泛的采用。⑦采用计算机集中控制装卸系统,以提高装卸效率。

港口件杂货码头装卸工艺的发展方向是成组化、集装箱化。这是实现件杂货快装快卸的有效途径。随着集装箱码头的不断发展,装卸工艺的高速化和自动化程度越来越高，集装箱自动化码头成为发展趋势。集装箱自动化码头装卸工艺前沿采用自动化程度较高或远程操控的双小车岸桥，水平运输采用自动导引车（AGV）、无人驾驶拖挂车或自动跨运车，后方堆场一般采用自动化的轨道式门式起重机或高架桥式起重机，堆场则根据总平面和水平运输的工艺要求与码头岸线呈垂直或平行布置。外来集卡不进入堆场，采用在堆场端部装卸或换装方式送箱或提箱，码头及堆场逐步实现无人化作业。

港口集疏运

港口集疏运是将到港船舶装载和卸载的货物运进港口和运出港口的作业活动。

◆ 概念形成

集疏运是相反的两个方向，船舶卸货进口，要通过疏运系统把货物输送到四面八方；船舶装货出口，则要依托集运系统把货物运到港口集中。通常把港口货物的集中和疏运组织运输及相关设施所组成的完整系统称为港口集疏运系统。或者说，港口集疏运系统是与港口相互衔接、能够帮助港口将吞吐货物进行集中和疏散的交通运输系统。该系统由集疏运工具、装卸线、公路、铁路、航道、管道、船舶、航空等基础设施、后方装卸系统和劳动力组成。

◆ 特点和功能

货物进入港区被称为集中，从港区运出称为疏散或疏运。货物集疏运方式有水路、陆路、航空及管道，运输方式有船舶运输、铁路运输、公路运输、管道运输、输送带运输和航空运输。国内港口在集疏运方式上主要采用铁路运输、船舶运输、公路运输和管道运输。

一般来说，港口集疏运系统通常具有开放性、复杂性、完整性、公用性、难以控制性和可替代性等特点。

港口集疏运系统通常具有以下基本功能：为港口集结、疏散被运送的货物或旅客，保持港口畅通、提高港口综合通过能力，有机衔接水上运输和陆上运输。港口集疏运系统把港口经济腹地与港口连接在一起，既是水运系统在陆上的延续和扩展，又是水运系统综合能力得以充分发挥的基本保证。

◆ 作用和影响

港口集疏运系统是港口与广大腹地相互联系的通道，是港口赖以存在与发展的主要外部条件。任何现代化港口都必须具有完善与畅通的集疏运系统，才能成为综合交通运输网中重要的水陆交通枢纽。各个港口集疏运系统与港口的通过能力、腹地经济和区域位置有直接关系，涉及面宽，既需要港口自身加强建设和管理，也需要国家和有关地方政府的支持，才能最大限度地发挥港口服务区域和当地经济的作用。

第2章

著名港口

大连港

大连港是中国沿海主要港口之一。

大连东北亚国际航运中心的重要组成部分。地处辽东半岛南端、渤海海峡北侧的辽宁省大连市。主要经济腹地辽宁、吉林、黑龙江和内蒙古东部是中国重工业和石油、粮食生产基地。大连港分"一岛三湾"（大窑湾、鲇鱼湾、大连湾及大孤山半岛）综合运输港区、太平湾港区、长兴岛港区、庄河港区、皮口港区、登沙河港区、旅顺新港港区、普湾港区等8个港区。其中，"一岛三湾"综合运输港区货源以集装箱、商品

航拍大连港大窑湾港区

滚装汽车、原油、成品油、粮食及外贸矿石为主，是大连港为腹地提供综合运输的核心港区，已成为东北地区国际集装箱干线港、最大的商品汽车运输基地、最大的油品专业化港区、最大外贸矿石接卸基地及中国北粮南运出海口；长兴岛港区以服务临港工业为主，太平湾港区致力于建成大连港规模化、集约化、现代化的生态型港区。

大连港是中国最古老的港口之一。19 世纪前是中国与海外联系的重要港口。1898 年，沙俄强租旅大（今大连）；1899 年，始建大连商港。1905 年，日本占领大连；1945 年，由苏军接管。中华人民共和国成立后，于 1951 年正式收回。

2020 年完成货物吞吐量 3.34 亿吨，其中外贸吞吐量 1.63 亿吨、集装箱吞吐量 511 万标准箱。主要货种：煤炭吞吐量 2781 万吨，石油、天然气及制品吞吐量 10705 万吨，金属矿石吞吐量 3562 万吨，粮食吞吐量 1455 万吨。

截至 2020 年底，大连港共拥有 12 个港区，拥有生产性泊位 231 个，其中万吨级及以上泊位 111 个、集装箱泊位 14 个；港口综合通过能力 3.64 亿吨，其中集装箱通过能力 490 万标准箱。

秦皇岛港

秦皇岛港是中国沿海主要港口之一。是中国最大的能源输出港。

秦皇岛港地处河北省东部，南临渤海，陆域开阔，海域宽敞，不淤不冻。经济腹地以山西、内蒙古为主，并有输油管道通到大庆。秦皇岛地区在清末是一个渔港。1899 年，英商开平煤矿公司开始建造木码头。

1915 年，开滦矿业公司建成 1 ～ 7 号泊位，主要供出口开滦煤矿的煤炭。中华人民共和国成立后，为适应晋煤外运需求的急剧增长，先后建了五期

秦皇岛港煤码头

大型煤炭码头以及原油出口码头。港口装卸系统已达到国际先进水平，煤炭装船效率每小时 8000 吨。

截至 2020 年底，秦皇岛港拥有生产性泊位 59 个，综合通过能力 2.25 亿吨。其中煤炭泊位 23 个，通过能力 18855 万吨；原油泊位 3 个，通过能力 1500 万吨；集装箱泊位 3 个，通过能力 75 万标准箱。

2020 年，秦皇岛港累计完成货物吞吐量 2.01 亿吨，其中，完成外贸吞吐量 557 万吨，完成集装箱吞吐量 62.19 万标准箱。

唐山港

唐山港是中国沿海的地区性重要港口。位于唐山市东南 80 千米处的唐山海港开发区境内，渤海湾北岸，是沟通华北、东北和西北地区最近的出海口。背靠北京、天津等 20 座工业城市，经济腹地广阔，货源充足，交通便捷。

◆ 发展概况

唐山港于 1989 年 8 月开工建设，1992 年正式通航，同年 10 月 16 日，国务院批准唐山港口岸为对外国籍船舶开放的一类口岸。1993 年 7

月 17 日，唐山港更名为京唐港。2005 年 9 月 10 日，恢复使用"唐山港"名，下设京唐港区和 2003 年开发建设的曹妃甸港区。2016 年，丰南港区正式开工，该港区第一个码头项目在 2023 年底正式投运。至此，唐山港形成"一港三区"格局。唐山港通航以来，特别是"十一五"以来，依托腹地唐山市的丰富自然资源和雄厚的工业基础，重点强化了煤炭、钢铁、矿石等优势货种的运输，同时发展了汽车、机电产品、化工产品、农产品等新货种的运输市场，吞吐量连年增长，实现了快速发展。

◆ **港区设施**

唐山港的三个港区中，京唐港区是国家确定的沿海重要港口，港区岸线总长达到 45 千米，投产泊位 31 个；丰南港区由主港区和河口码头区组成，河口码头区通用码头已于 2021 年 11 月试通航，全面建成通航后，可达到 1.3 亿吨的吞吐能力；曹妃甸港区规划码头岸线 124.9 千米，

唐山港京唐港区集装箱堆场

可建成万吨级以上泊位 434 个。

◆ 吞吐情况

2008 年，货物吞吐量突破亿吨大关，这是唐山港建设发展史上重要的里程碑。唐山港在 2011 年吞吐量突破 2 亿吨大关。2016 年，唐山港完成货物吞吐量 5.16 亿吨，在全球港口货物吞吐量中居第七位。2020 年，唐山港全港完成货物吞吐量 7.02 亿吨，同比增长 7%，港口货物吞吐量跃居世界排名第二。2021 年，唐山港完成货物吞吐量 7.22 亿吨，同比增长 1.4%，继续稳居世界沿海港口第二位。

天津港

天津港是中国沿海主要港口之一。地处天津市，是天津北方国际航运中心的重要组成部分。主要承担北京、天津两市和华北、西北地区各省市海上进出口任务。

天津港分北疆港区、南疆港区、东疆港区、大沽口港区、高沙岭港区、大港港区、北塘港区、汉沽港区、海河港区。其中，北疆港区以集装箱运输为主，兼顾钢铁、粮食、商品汽车等货类运输的大型综合性港区；南疆港区是煤炭、铁矿石、石油及制品等大宗散货中转运输港区；东疆港区以集装箱运输为主，兼顾客运的大型集装箱港区；大沽口港区主要服务于临港工业的开发建设，重点发展修造船、装备制造、粮油加工等临港工业，兼顾钢铁、建材、液体化工品运输，是港口与工业一体化发展的大型临港工业港区；高沙岭港区主要服务于装备制造业等临港工业的发展，以杂货运输为主，并兼顾临港工业和腹地物资运输；大港港区服务于天津市重化工业的布局调整，重点服务于南港工业区石化产业的发展，以石油及制品运输为主，远期结合冶金工业的布局，预留大宗散货运输可能；北塘港区是以客运为主的港区，兼顾滨海旅游区开发建设物资运输；汉沽港区主要服务于该区域水产品交易、加工、集散中心的建设，以及城市建筑物资的运输，以杂货和冷链物资的运输为主；海河港区服务于海河下游临河产业的发展和城市建筑物资的运输，以钢铁、矿建等货类运输为主，兼有客运功能。

天津港

自东汉末年天津即有河港，至今已有 2000 年的历史。明朝永乐年间迁都北京后，天津逐渐成为京师通向海上的门户。1896 年，海河严重淤积后，开始在海河下游的塘沽修建码头。1939 年，开始在海河河口北侧修建塘沽新港。改革开放后天津港得到显著发展，1984 年，天津港建成中国第一个集装箱专用码头。

截至 2020 年底，天津港沿海泊位长度 41776 米，主要规模以上港口码头泊位 192 个，其中，万吨级以上泊位 128 个。

　　进出港的主要货类有煤炭、石油、金属矿石、钢铁、集装箱等。2020 年，天津港累计完成货物吞吐量 5.0 亿吨，同比增长 2.2%，其中，煤炭及制品 6263 万吨，同比增长 -15.7%；石油天然气及制品 7329 万吨，同比增长 2.4%；金属矿石 11979 万吨，同比增长 8.1%；集装箱吞吐量 1835 万标准箱，同比增长 6.1%。

青岛港

　　青岛港是中国沿海主要港口之一。地处山东省青岛市，位于山东半岛南部胶州湾内，是一个不受外海风浪袭击，水深、不淤、不冻的天然良港。青岛港有胶济铁路与中国铁路网连接。主要经济腹地为山东、河北、河南及山西等省的部分地区。

青岛港

青岛港由前湾港区、黄岛油港区、老港区、董家口港区等四大港区组成。其中，前湾港区以国际集装箱干线运输为主，黄岛油港区为青岛港石油及液体化工品主要转运基地，老港区以内贸集装箱、杂货和低污染的散货运输为主，董家口港区逐步发展为青岛港南翼的大型综合性深水港区。

青岛原是渔村。宋朝时始有商船寄泊。清末渐成为小商镇，建有栈桥，供船舶停靠。1897 年德国占领青岛，1899 年开始建港。1904 年胶济铁路竣工，1906 年建成 4 座码头，青岛港成为水陆联运枢纽。中华人民共和国成立后对原有码头进行修复与扩建。20 世纪 80 年代开始新建了黄岛油码头、前湾矿石码头等大型泊位。

截至 2020 年底，青岛港拥有泊位 122 个，年设计通过能力 3.8 亿吨，岸线长度 32 千米。

进出港的主要货类有煤炭、矿石、原油、集装箱等。2020 年，青岛港累计完成货物吞吐量 6.05 亿吨，其中，完成外贸吞吐量 4.45 亿吨；完成集装箱吞吐量 2200 万标准箱。

连云港港

连云港港是中国沿海主要港口之一。地处江苏省连云港市，是江苏省最大海港，中国沿海 25 个主要港口、12 个区域性主枢纽港和长三角港口群三大主体港区之一。港口由"一港四区"构成"一体两翼"布局：连云港区为主体、赣榆港区为北翼、徐圩港区和灌河港口为南翼。港口区位优势明显，南联长三角，北接渤海湾，隔海东临东北亚，又通

过陇海铁路西连中西部地区以
至中亚、欧洲，是连接南北、
沟通东西的纽带，在中国区域
经济协调发展中具有重要战略
地位。

1925 年，陇海铁路的出
海港建在江苏临洪河口的大

江苏连云港港口集装箱码头

埔，后因临洪河淤塞，铁路东延，于 1933 年在江苏连岛与云台山之间
建港，取名连云港。1936 年开港时，建有两座可停靠 6 艘 3000 吨级
海轮的码头。到 1948 年，港口几近瘫痪。中华人民共和国成立后，对
连云港进行了修复和发展。自 1954 年开始，陆续兴建专用码头泊位。
1974 年，首座万吨级码头建成投产。改革开放以来，庙岭一、二、三
期煤炭、集装箱等专业化码头建设相继完成。1992 年 12 月 1 日，新亚
欧大陆桥开通，连云港港向西发出首趟国际集装箱过境专列。

截至 2020 年，连云港港泊位长度 17540 米，生产用泊位数 84 个，
其中万吨级以上泊位 70 个。完成货物吞吐量 25168.95 万吨，完成集装
箱吞吐量 480.34 万标准箱。进出港的主要货类有矿石、煤炭、粮食、
铝矾土、胶合板、建材、液体化工、机械车辆、集装箱等。

上海港

上海港是中国沿海主要港口之一。地处上海市，位于长江经济带和
沿海经济带的交汇处，是国家综合运输大通道和国内、国际物流的重要

节点，外通中国南北沿海和世界各大洋，内贯长江流域和苏、浙、皖内
河水网地区，并有铁路、公路连接全国各地，具有对内、对外双向辐射
的区位优势。1996 年中央提出建设上海国际航运中心以来发展迅速。
上海港范围包括市辖长江口南岸、黄浦江两岸和杭州湾北岸，崇明岛、
长兴岛、横沙岛沿岸，洋山深水港区以及上海内河港区。

上海港三大集装箱港区之一——洋山深水港

上海港历史可以追溯到唐宋时期，港址在青龙镇（今上海青浦区东
北），后因海岸线东移、河道变迁，15 世纪初迁至黄浦江畔。1843 年 11 月，
上海辟为通商口岸，黄浦江两岸相继出现了大量外国洋行和华商修建的
码头、仓库及其他设施。至 20 世纪 30 年代，上海已成为东亚地区最繁
荣的港口之一。中华人民共和国成立后，上海港进行了改造和大规模的
建设，港口通过能力和各项业务发展迅速。

海港方面，2020 年，上海港沿海港口码头单位 201 家，拥有各类

码头泊位 1062 个，码头总延长 105.81 千米，其中万吨级泊位 235 个，浮筒泊位 38 个。年综合吞吐能力 5.85 亿吨，其中集装箱综合吞吐能力 2627 万标准箱。按码头生产类型分类，上海港（沿海）拥有各类生产性码头泊位 560 个，码头总延长 75.82 千米，非生产性码头泊位 502 个，码头总延长 30.00 千米；按码头使用类型分类，各类公用码头泊位 218 个，码头总延长 30.52 千米，货主（专用）码头泊位 844 个，码头总延长 75.29 千米；全港万吨级码头泊位中，生产性泊位 185 个；全港最大设计靠泊能力码头泊位为 30 万吨级，公用码头企业拥有仓库面积 21.33 万平方米，堆场面积 948.33 万平方米。

内河港方面，2020 年，各类内河码头泊位 759 个，码头总延长 38.75 千米，年综合通过能力 1.078 亿吨。至 2020 年底，上海市内河航道通航里程 1589.49 千米，比上年减少 16.8%。其中，三级（及以上）航道 200.81 千米，四级航道 23.08 千米，五级航道 92.76 千米，六级航道 431.51 千米，七级航道 110.85 千米，等外航道 730.48 千米。

进出港的主要货类有煤炭及制品、石油天然气及制品、金属矿石、铁、矿建材料、机械设备电器、化工原料及制品等。2020 年，全港完成货物吞吐量 71669.9 万吨，位居世界第二位，集装箱吞吐量 4350 万标准箱，位居世界第一位。

温州港

温州港是中国沿海主要港口之一。地处浙江省温州市，是全国沿海 25 个主要港口之一和国家重要枢纽港，是连接长三角地区和海西经

温州港码头

济区的重要节点，是浙南、浙西南、赣东、闽北、皖南等地区对外贸易的重要出海口。定位为区域性大宗散货中转港、产业配套港、集装箱辅枢纽港以及参与"一带一路"、开展对台经贸合作的重要支点。港口按照"双核双联多补充"进行布局。"双核"，以乐清湾港区为大宗散货运输核心港区、以状元岙港区为集装箱运输核心港区；"双联"，即向东海域与台州南部大麦屿港区联动、向西陆域与丽水青田港区联

动；"多补充"，即以瓯江港区、大小门岛港区、苍南港区、平阳港区、瑞安港区和台州南部龙门港区等多个港区为辅助和储备、补充开发港区。

温州港历史悠久，早在唐代就与日本有航运往来。1685年，清政府浙海关在温州设分关，鸦片战争后英国强迫清政府签订《烟台条约》，温州辟为通商口岸。中华人民共和国成立后，港口建设有了一定发展。1957年，对外轮开放。改革开放以来，温州港得到了迅速发展，1989年，建成2个万吨级泊位，结束了温州港无深水泊位的历史；1998年，5万吨级油气中转码头建成投产，温州港跨入河口港和深水港共同发展的新

时期。

截至 2020 年，温州港共有生产用码头泊位 299 个，其中万吨级以上泊位 20 个。完成货物吞吐量 7401.4 万吨，集装箱吞吐量 101.10 万标准箱。进出港的主要货类有煤炭、石油、金属矿石、钢铁、矿建材料、水泥、粮食、集装箱等。

宁波舟山港

宁波舟山港是中国沿海主要港口之一。由宁波港和舟山港组合而成，2006 年 1 月 1 日始称"宁波舟山港"之名。位于浙江省东部宁波市和舟山市，东向大海，西北临杭州湾，西接绍兴，南靠台州。整个港区总体上保持"一港、四核、十九区"的空间格局。其中，"一港"即宁波舟山港。

宁波舟山港金塘港区大浦口码头

◆ **发展历史**

宁波舟山港前身是宁波港和舟山港。其中，宁波港历史悠久，据历史记载，1200 年前已经建港。曾经是中国古代丝绸之路的重要港口，鸦片战争之后成为五口通商口岸之一。1949 ～ 1978 年，由内河走向河口港，实现第一次跨越；1978 ～ 1992 年，宁波港基础设施加快建设，由河口走向海港，实现第二次跨越；1992 ～ 2000 年，矿石、原油中转运输系统雏形初现，是腹地产业布局的重要依托，宁波确定"以港兴市，以市促港"的战略，集装箱运输快速发展。2000 ～ 2007 年，实现集装箱运输大跨越，综合运输系统不断完善。1959 年，宁波港客运量达 65.5 万人，货运量 137.4 万吨；1996 年客运量达到 450 万人，货运量达到 7638.8 万吨，在中国沿海 24 个港口中货运量排位第三。宁波港凭借得天独厚的自然条件，改革开放之后发展迅速。连续多年港口吞吐量和集装箱吞吐量增幅都是中国第一位，集装箱增幅连续 10 年增幅在 40% 以上。2004 年 12 月 28 日，宁波港货物吞吐量已突破 2.2 亿吨，有集装箱航线 115 条，其中远洋干线为 53 条，近洋支线 33 条，内支线 16 条，内贸线 13 条，最高月航班数已超过 500 班。集装箱吞吐量已突破 400 万标准箱。宁波港各项指标已进入世界五大港口之列。

舟山港，早在明朝就在六横岛的双屿港开展过国际贸易市场，后来发展停滞。中华人民共和国成立初期，社会运输需求主要在舟山本岛，以渔业运输为主，舟山港主要为本地运输服务，兼顾小规模的老塘山煤炭中转，绿华山锚地为长江口内的水上过驳中转。1987 年，老塘山港区建成 1.5 万吨级通用杂货泊位，舟山港开始有了深水码头，后来逐步建设了岙山 10 万吨级原油码头泊位和老塘山二期 2.5 万吨级煤炭码头泊位。1992 年，舟山港发展水水中转。2000 年以后，是中国经济进入全面快速发展的时期，长江三角洲地区年均增速高于中国平均水平 3 个百分点，年均增速达 13%。铁矿石、原油等能源物资进口量增长迅猛，宁波港、舟山港为长江沿线及浙江沿海地区中转了大量能源及原材料物资，外贸进口的原油和铁矿石约有 95% 和 60%，在集装箱、原油、铁矿石、煤炭等重要物资的运输系统中发挥了重要作用，有力地支撑长江三角洲地区加工型贸易、石化、电力、钢铁等基础产业的发展，促进了经济社会全面发展。2005 年实际完成货物吞吐量 2.68 亿吨，居全国港口第二位，全球排名第四；集装箱吞吐量 520 万标准箱，居国内港口第四位，全球排名第十五位。经过发展，宁波舟山港已初步形成了一干线四大基地，即集装箱远洋干线港、国内最大的矿石中转基地、国内最大的原油转运基地、国内沿海最大的液体化工储运基地和华东地区重要的煤炭运输基地。成为上海国际航运中心的重要组成部分和深水外港，是国内发展最快的综合型大港。

◆ 港区设施

宁波舟山港分为 19 个港区，其中，北仑、洋山、六横、衢山、穿山、金塘、大榭、岑港、梅山等 9 个港区为主要港区，以综合运输为主；嵊泗、岱山、镇海、白泉、马岙等 5 个港区为重要港区，以服务海洋产业为主，兼顾综合运输；定海、石浦、象山港、甬江、沈家门等 5 个港区为一般港区，主要服务地方经济发展。现有生产泊位 624 座，其中万吨级以上大型泊位 157 座，设计吞吐能力 7.74 亿吨，居中国首位；集装箱吞吐能力 1297 万标准箱，集装箱远洋干线 118 条，居中国前列。

全港形成"一港四核"空间格局，引导港口向 4 个核心区集中发展，具体是：六横、梅山及穿山核心发展区，北仑、金塘、大榭、岑港核心发展区，白泉、岱山大长涂核心发展区，洋山及衢山核心发展区。

港区分布为宁波港域和舟山港域。宁波港域主要有甬江港区、镇海港区、北仑港区、大榭港区、穿山港区、梅山港区、象山港港区、石浦港区。舟山港域主要有定海港区、沈家门港区、老塘山港区、高亭港区、衢山港区、洋山港区、泗礁港区、绿华山港区、金塘港区、六横港区、马岙港区。

宁波舟山港是中国大陆重要的集装箱远洋干线港，中国最大的铁矿石中转基地和原油转运基地，中国重要的液体化工储运基地和华东地区重要的煤炭、粮食储运基地，是中国的主枢纽港之一。位于长江经济带与国家南北沿海运输大通道的 T 字形交汇处，紧邻亚太国际主航道要冲，对内可通过多式联运直接覆盖长江经济带及丝绸之路经济带，对外可直接面向东亚、东盟及整个环太平洋地区。宁波舟山港规划可建 10 万吨级以上泊位岸线长 200 千米，30 万吨级以上超大型泊位深水岸线 20 千米，天然航道平均水深 30 ～ 100 米，可使 30 万吨级船舶畅通无阻，宁波舟山港作为超大型国际枢纽港建港条件优越。

注册营运船舶超过 2100 多艘，1000 多万载重吨。宁波、舟山两地聚集了港口航运、港口设计建设、航道疏浚、海上救助打捞、船级社、金融保险、海事法律仲裁、口岸通关等机构以及相关联产业。

宁波港陆上交通运输较便利。白沙、洪镇、北仑三条港区铁路支线与萧甬铁路相连，并通过浙赣、沪杭、宣杭线与全国铁路网连接；329国道、沪杭甬高速公路和同三线等公路干线与港口相通，可通往杭州、上海、台州、温州等广大地区；舟山跨海大桥将舟山与宁波连通。

◆ 吞吐情况

宁波舟山港与世界上 100 多个国家和地区的 600 多个港口通航，已开通班轮航线 230 多条。完成江海联运总量超 2 亿吨；开通海铁联运的城市达 20 个，海铁联运量达到 17.1 万标准箱，具备开展国际集装箱过境运输业务资质。宁波舟山港分别承担了长江经济带 45% 的铁矿石、90% 以上的油品中转量、1/3 的国际航线集装箱运输量，以及中国约 40% 的油品、30% 的铁矿石、20% 的煤炭储备量，是中国重要的大宗商品储运基地。2015 年，宁波舟山港港口货物吞吐量达 8.9 亿吨，集装箱吞吐量达 2063 万标准箱，首次超过香港港列全球第四位。2016 年，宁波舟山港的吞吐量达到 9.2 亿吨，连续 8 年稳居全球港口首位；集装箱吞吐量达到 2156 万标准箱，位居中国第三位，全球第四位。2021 年 12 月 16 日，宁波舟山港年集装箱吞吐量首破 3000 万标准箱，成为继上海港、新加坡港后，全球第 3 个跻身"超 3000 万箱俱乐部"的港口。2017 年 12 月 27 日，宁波舟山港成为全球首个年货物吞吐量超"10 亿吨"大港。

福州港

福州港是中国沿海主要港口之一。区域综合运输的重要枢纽和对台"三通"的主要口岸之一。位于中国东南沿海、台湾海峡西岸，是福建省三大"港口群"之一。
地处福建省海岸线中点，
闽江下游的河口段。福州
港的经济腹地包括福建省
大部分地区、江西省东部
和湖南省东部，其工业种

福州港

类多样，农作物产量和矿产资源丰富。港口集疏运条件较好，交通便利，
陆上与全国专用铁路线和公路干线相连，水路与各国多个港口通航。

◆ 发展概况

早在汉代，福州港就是福建最大的对外交通口岸。唐至五代时期，
福州一直是"海上丝绸之路"的重要港口城市，是唐代三大贸易港口之一。
1842 年，不平等条约中的《南京条约》把福州辟为五口通商口岸之一。
1966 年，马尾港区吞吐量仅 30 万吨，台江作业区仅 23 万吨。1978 年，
改革开放以后，港口及海运事业突飞猛进，集装箱运输迅速发展，港口
吞吐量以年平均 12.6% 的速度递增，1989 年达 532 万吨，集装箱吞吐
量完成 24538 标准箱。福州港 1972 年以前仅为靠泊能力不过 5000 吨级、
吞吐量不足 80 万吨、设施简陋的河口小港。现在已成为河口港和海港
共同发展的大型港口。2000 年福州港完成吞吐量 2425 万吨，其中集装
箱 40.02 万标准箱，列沿海港口 12 位，进入了沿海集装箱运输十强港
口行列。2000 年对台直航 450 艘次，完成集装箱进出量 13 万标准箱。
2001 年全港完成货物吞吐量 2958.14 万吨，集装箱进出口量完成 41.77
万标准箱。对台直航集装箱进出量 16.28 万标准箱。2003 年顺利开通往

西非的远洋航线，结束了福州港没有深水海港区和远洋航线的历史。

2012 年，福州、宁德、平潭港口体制一体化整合，原宁德港的三都澳、白马、赛江、三沙、沙埕等 7 个港区先后并入福州港。2013 年，福州港完成货物吞吐量 1.27 亿吨，年增长 11.82%。2014 年全年货物吞吐 1.28 吨，完成集装箱吞吐量 223.94 万标箱。货物吞吐量和集装箱吞吐量增长率都位于全国前列。截至 2021 年，港口拥有闽江口内、江阴、松下、罗源湾、平潭、三都澳、白马、沙埕共 8 个港区。2021 年完成货物吞吐量 2.74 亿吨，比增 9.86%，集装箱 345 万标准箱。

1994 年、2006 年、2015 年、2017 年，福州港分别与美国华盛顿州塔科马港、西班牙坎塔布里亚州桑坦德港、马来西亚巴生港、马六甲港结为友好港口。

◆ **港区设施**

2011 年，福州港与宁德港一体化整合后，福州港从原来的 4 个港区扩大为 9 个港区，码头岸线 9443.6 米，整合后的福州港全港共有生产泊位 178 个，其中 10 万吨级以上的泊位 14 个，5 万吨级及以上 18 个，万吨级及以上 55 个，年设计通过能力 1.36 亿吨。主要集中在江阴港区、松下港区、罗源湾港区和三都澳港区。开辟集装箱航线 80 条，覆盖了中国对外贸易的主要国家和地区，既有连通美洲的远洋航线，也有直达"一带一路"沿线国家的亚、非航线和遍布中国各主要港口的国内航线。仓库总面积达到 107.83 万平方米，堆场有煤炭堆场 9100 平方米，容量 1.91 万吨，集装箱堆场 1.5 万平方米，可堆存 760 标准箱，铁路专用线 3168 米。生产用装卸机械 335 台。港作船共 84 艘，总功率 7100 千瓦。

其中，拖轮 24 艘，功率 5100 千瓦，最大功率 1176.8 千瓦；驳船 46 艘，总吨位 1.1 万吨；引水船 1 艘，功率 574 千瓦；交通船 2 艘，功率 220 千瓦；其他船 9 艘，功率共 948.47 千瓦。

根据已获批的《福州港总体规划（2035 年）》，福州港规划码头泊位共 327 个，规划泊位总通过能力 5.37 亿吨（水平年 2035 年）。福州港现有沿海航道通航里程 208.26 千米，包括江阴进港航道 48.6 千米、罗源湾深水航道 33.3 千米、三都澳深水航道 77.35 千米、福清湾航道 32.17 千米、平潭进港航道 16.84 千米。内河航道通航里程 189.6 千米，包括闽江通海航道 48.6 千米、闽江干流航道 118.4 千米、交溪航道 22.6 千米。

◆ 吞吐情况

福州港国际航线与 30 多个国家和地区的港口有业务往来，开通了 36 条国际海上航线。2017 年完成货物吞吐量 9150.8 万吨，集装箱吞吐量突破 300 万标准箱。2021 年福州港货物吞吐量完成 2.74 亿吨，集装箱吞吐量突破 345 万标准箱。

厦门港

厦门港是中国沿海主要港口之一。地处中国台湾海峡西侧的厦门湾，是厦门东南国际航运中心的重要组成部分，由 8 个主要港区组成，其中，东渡、海沧、嵩屿、刘五店、客运等 5 个港区地处福建省厦门市，后石、石码、招银等 3 个港区地处福建省漳州市。主要经济腹地为厦门和漳州、泉州、龙岩、三明等福建中南部地区。

厦门港自贸区码头

厦门在唐代中叶已形成港埠，唐代至元代由渡口到军港并向贸易港发展。在 1684 年设海关，成为对外贸易港口。1842 年辟为"五口通商"口岸之一。抗日战争至中华人民共和国成立前，厦门港曾一度萧条。中华人民共和国成立后，位于海防前线的厦门港发展一度比较缓慢；改革开放后，厦门成为最早设立的经济特区之一，港口规模随着城市经济发展不断扩大，陆续建成一批集装箱、石油、煤炭等专用码头。

截至 2020 年底，厦门港共有生产用码头泊位 176 个，码头长度 3.05 万米。进出港的主要货类有矿建材料、石油天然气、集装箱等。2020 年，完成货物吞吐量 2.07 亿吨，集装箱吞吐量 1140 万标准箱。

泉州港

泉州港是中国沿海主要港口之一。位于福建省东南部，包括泉州市东南晋江下游滨海的港湾，北至泉州湄洲湾内澳，南至泉州围头湾同安区莲河。泉州港与台湾隔海相望，距高雄港 165 海里，距基隆港 152 海里，距台中港 105 海里，距澎湖马公港仅 90 海里。其直接经济腹地是泉州地区，通过交通网络向内陆延伸，主要服务于泉州市的石油化工、纺织服装鞋帽、建材陶瓷、食品饮料、电子机械鲜活产品等支柱产业。

◆ 发展概况

泉州港距今已有 1300 多年历史，古代称为"刺桐港"，是中国古代海上丝绸之路的起点，是世界千年航海史上世界第一大港，与埃及亚历山大港齐名，联合国认定泉州为海上丝绸之路的起点。泉州港于 1957 年关闭。1978 年以后，泉州重建港口。

辖有 4 湾 5 个港区 16 个作业区，即湄洲湾西岸肖厝港区和南岸斗尾港区，泉州湾港区，深沪湾港区，围头湾港区等 5 个港区和崇武、秀涂、蚶江、石湖、内港、后渚、华锦、祥芝、永宁、深沪、围头、水头、金井、东石、安海、石井等 16 个作业区。

◆ 港区设施

泉州港现已建成投产泊位 77 个，其中万吨级以上泊位 19 个，年设计吞吐能力 8780 万吨，包括集装箱 169 万标准箱，初步形成了以泉州湾为中心港区、大中小码头泊位优势互补、配套设施比较完善、功能比较齐全的港口体系。泉州港拥有仓库总库容量为 38 725 平方米；油库 25 座，总容量为 811350 立方米；堆场 338000 平方米。从祥芝锚地至秀涂装卸锚地外港航道，航道长约 8 海里，一般水深 5～20 米，最小水深 3.9 米，最小宽度 500 米。秀涂至后渚长约 3 海里，一般水深 5～13 米，最小水深 4.0 米，最小宽度 350 米。自崇武备用锚地至后渚航道长 18 海里，

一般水深 5～20 米，最小水深
3.9 米，最小宽度为 300 米，吃
水 8 米的船舶可乘潮进出内港
航道，即晋江航道，泥沙淤浅
较为严重，进出的船舶均须乘
潮航行，吃水 2 米或 2 米以上
的船舶须在高潮前后 2 小时内

泉州港

通过。规划布置泊位 94 个，其中万吨以上 52 个。2017 年泉州港货物
吞吐量 1.29 亿吨，比上年增长 2.6%；其中，集装箱吞吐量达 3007000
标准箱。

◆ 吞吐情况

2016 年，泉州港吞吐量达 12548 万吨，其中外贸货物吞吐量 3625
万吨。开通了泉州至中国香港、中国台湾、日本、韩国釜山等国家和地
区的定期散杂货或集装箱班轮航线，与世界 60 多个国家和地区通航。
2021 年，泉州港吞吐量达 1.57 亿吨，其中外贸货物吞吐量 4262.9 万吨。

深圳港

深圳港是中国沿海主要港口之一。地处广东省南部，位于伶仃洋东
岸，由蛇口、赤湾、妈湾、大铲湾、东角头、盐田、福永、下洞、沙鱼
涌和深圳内河等主要港区组成，是珠江三角洲地区的天然深水良港。主
要经济腹地为深圳市、珠江三角洲地区和广东省，以及四川、云南、湖
南、江西、贵州等部分地区。

深圳港是在中国改革开放后迅速崛起的港口。改革开放前，深圳市（原宝安县）只有几个百吨级的内河土坡码头，年吞吐量 10 余万吨。改革开放后设立了深圳经济特区，深圳港走过了 3 个阶段。第一阶段是 1980 年至 1984 年，深圳港主要为蛇口工业区装卸建设用物资和少量产成品，发挥工业港功能。第二阶段是 1985 年至 1990 年，自赤湾港区与挪威、丹麦等国开展散装化肥等国际中转业务，深圳港相继建成大型散粮码头、液体化工中转码头，使深圳港成为华南地区沿海重要港口。第三阶段自 1991 年延续至今，以 1991 年建成蛇口集装箱码头、1992 年建成赤湾港区第一个集装箱码头并开辟深圳至欧洲定期集装箱班轮，以及 1993 年建成盐田港区集装箱码头为标志，深圳港建设进入了新的发展阶段。

截至 2020 年底，深圳港相继建成了码头泊位 168 个，泊位岸线总长度 34.04 千米，其中万吨级以上泊位 76 个，集装箱专用泊位 45 个，

深圳盐田港

客运泊位 26 个，油气化工泊位 23 个，其中最大为 22 万吨级的邮轮泊位。货物年吞吐能力 23312 万吨，其中集装箱吞吐能力 2325 万标准箱。

深圳港进出货物以集装箱为主，兼营石油、天然气及制品、钢铁、矿建材料、粮食、煤炭、机械设备电器等，2020 年完成货物吞吐量 26500 万吨，集装箱吞吐量 2654.79 万标准箱，位居全球第四位。

广州港

广州港是中国沿海主要港口之一。地处广东省广州市区，位于广东省中部珠江三角洲中心地带，4 个组成港区主要分布在广州至珠海出海口沿岸，依次为广州内港港区、黄埔港区、新沙港区和南沙港区。主要经济腹地为广东省，以及广西、湖南、湖北、云南、贵州、四川及江西等部分地区，是中国华南，中南、西南等地区物资主要集散地和对外贸易的重要口岸。

广州港南沙港区集装箱码头

历史悠久，早在秦汉时期，广州古港就是中国对外贸易的重要港口，是中国古代"海上丝绸之路"的起点港之一。唐宋时期，"广州通海夷道"是世界上最著名的远洋航线，广州港成为当时中国最大的外贸港。1685年清朝在广州设粤海关，广州成为当时中国唯一对外通商口岸。中华人民共和国成立后，设立广州市码头管理处统一管理广州市区各类码头。

进出港的主要货类有煤炭，矿石，集装箱等。2020年完成货物吞吐量6.1亿吨，位居全球第四位；集装箱吞吐量2317万标准箱，位居全球第五位。广州港是华南地区最大的综合性港口。

珠海港

珠海港是中国沿海主要港口之一。地处广东省珠海市，位于广东南部珠江入海口西岸，毗连澳门，由高栏、万山、九洲、香洲、唐家、洪湾、斗门等7个港区组成。主要经济腹地是珠海市，以及毗邻的中山市、江门市等部分地区。

珠海港高栏港区货柜码头

珠海港是中国改革开放后迅速崛起的港口，始建于1909年的香洲港区，原为渔港，1958年扩建为鱼商两用港，相继于同年建成井岸内河港区。改革开放后，1982年建成九洲港区，1985年建成前山内河港区，1990 年建成唐家大坞湾油气码头，1994 年建成地处磨刀门水门的斗门港区，1995 年在桂山岛建成客货码头以及油气码头。随着中国国民经济的发展，珠海港在华南港口群中的作用日益加强。

进出港的主要货类有石油、天然气、煤炭、集装箱和矿建材料等。2020 年，珠海港完成货物吞吐量 1.34 亿吨。

湛江港

湛江港是中国沿海主要港口之一。地处广东省湛江市，位于广东西部雷州半岛东北部的广州湾内，由调顺岛，霞海、霞山、宝满，东海岛，南三岛，坡头、廉江、遂溪、雷州、徐闻、吴川等港区组成。海湾纵深 60 余千米，湾外有硇洲。东海、南三诸岛为屏障，港内水深浪静，海域宽阔，航行和停泊条件良好，且无回淤，是中国天然良港之一。主要经济腹地为湛江市和广东西部地区，以及广西、云南、贵州、四川、重庆、湖南等地。

湛江旧称广州湾，早在西汉初期就是中国海防要地，清朝道光年间，逐渐成为"稿旅穰熙，舟车辐辏"的商业港埠。第二次世界大战期间，上海、广州，香港相继沦陷后，湛江港成为中国沿海唯一

湛江港

对外开放的通商口岸。1943 年，广州湾为日本占领。1945 年 9 月 21 日光复广州港，定名为湛江市。1950 年，湛江市政府开始恢复港口工作，1956 年 5 月 1 日，湛江港 2 个万吨级泊位及相应设施提前建成投产。经过不断扩建，湛江港已成为中国大港口之一。

进出港的主要货类有煤炭、石油、金属矿石和非金属矿石等。2020 年，完成货物吞吐量 2.31 亿吨，集装箱吞吐量 123 万标准箱。

镇江港

镇江港是中国内河主要港口之一。

地处江苏省镇江市，位于长江干线与京杭运河十字交汇处，由高资、龙门、谏壁、大港、高桥、扬中等主要港区组成。主要经济腹地为镇江市和江苏省京杭运河沿岸地区，以及长江中上游和淮河流域、丹金溧漕河沿岸部分地区。

历史悠久，从东汉末年"孙权缮治京口"建立军港起，迄今已有

镇江港

1800 余年历史，存有著名的西津古渡遗址。鸦片战争后，列强势力侵入长江，镇江港 1858 年被辟为对外通商口岸。中华人民共和国成立后，镇江港得到重新规划和改扩建。改革开放以来，港口发展迅速。1985 年，大港港区

一期工程建成投产，其中包括 4 个 2.5 万吨级海轮泊位，镇江港开始具备接纳万吨级海轮的能力。1986 年，镇江港对外开放。

截至 2020 年底，镇江港共有生产用码头泊位 176 个，设计通过能力 1.59 亿吨。2020 年，镇江港完成货物吞吐量 36028 万吨，主要货种为矿建材料、非金属矿石、金属矿石、煤炭及制品、化工原料、粮食等；完成集装箱吞吐量为 37.3 万标准箱。

南京港

南京港是亚洲最大内河港口之一，是中国主枢纽港和对外开放一类口岸、沿海主要港口，也是长江流域水陆联运和江海中转的枢纽港。地处江苏省南京市，位于长江下游，水路距长江入海口 437 千米，是南京

南京港集装箱物流码头

区域性航运物流中心的重要组成部分。由新生圩、龙潭、西坝、仪征、马渡、浦口、七坝、铜井、大厂、板桥、栖霞、梅子洲、上元门和下关等港区组成。主要经济腹地为南京市及仪征、马鞍山、滁州、芜湖、镇江和江苏北部地区，以及安徽、江西、湖北、四川、重庆等长江中上游地区和津浦、宁西铁路沿线地区。

南京是中国历史文化名城。早在战国时期，南京港已形成港埠雏形，明代时期曾是当时全国第一大港，1858年辟为通商口岸，20世纪30～40年代，建设了一批码头，中华人民共和国成立前夕，港口设施遭到战争严重破坏。中华人民共和国成立后，南京港先后进行了4次大规模建设。1984年，新生圩外贸港区建成，标志着南京港开始向多功能江海型枢纽港口发展。1986年，对外籍船舶开放。

南京港主要由南京港口集团、货主码头、市港务处长江码头及其他四部分组成。截至2020年底，南京港共有生产性货运泊位209个，形成年通过能力2.01亿吨。2020年，南京港完成货物吞吐量25112万吨，主要货种为煤炭及制品、石油、矿建材料、金属矿石、钢铁、化工原料等，完成集装箱吞吐量302万标准箱。

合肥港

合肥港是中国内河主要港口之一。地处安徽省合肥市，位于安徽中部江淮平原合裕线航道上游，由南淝河港区、店埠河港区、派河港区、丰乐河港区、滨湖港区、庐江港区、居巢港区、散兵港区等主要港区组成。主要经济腹地为合肥市以及周边地区。

合肥港

合肥港已有 2000 多年历史。中华人民共和国成立前，港口均为利用自然岸坡进行装卸作业，且每年仅季节性通航 8 个月。中华人民共和国成立后，合肥港取得长足发展，新建了大兴集、新港等港区，改革开放后进一步加强千吨级泊位建设，港口作业实现了机械化。

截至 2020 年底，合肥港共拥有生产用泊位 140 个，泊位长度 9305 米，泊位散装、件杂货设计年通过能力共 5878 万吨，集装箱设计年通过能力共 50 万标准箱。2020 年，合肥港完成港口吞吐量 3612 万吨，主要货种为矿建材料、煤炭以及金属矿石等；完成集装箱吞吐量 37.1 万标准箱，完成外贸吞吐量 48 万吨。

马鞍山港

马鞍山港是中国内河主要港口之一。地处安徽省马鞍山市，位于安徽东部长江下游南岸，港口以中心港区、郑蒲港区为核心，以慈湖港区、采石矶港区、太平府港区、江心洲港区、乌江港区为骨干，当涂港区、博望港区、和县港区、含山港区为补充，形成"一江两岸，双核九区"的布局体系。主要经济腹地为马鞍山市和巢湖、和县等周边地区，以及合肥、巢湖、宣州等市县部分地区。

1912年，马鞍山地区发展铁矿资源后，于1920年建起了马鞍山开源码头。中华人民共和国成立后，马鞍山港是国家重点建设的"工业港"，新建了一批矿石、煤炭专业码头。20世纪90年代末，港口功能逐步向综合性转变。1990年，马鞍山港对外开放，揭开了马鞍山港走向现代化的新篇章。

截至2020年底，马鞍山港共拥有生产用泊位117个，泊位长度9793米，泊位散装、件杂货设计年通过能力共8599万吨，集装箱设计年通过能力共24万标准箱。2020年，马鞍山港完成港口吞吐量10226万吨，主要货种为金属矿石、矿建材料、煤炭及钢铁等，吞吐量主要集中于长江干线港区；完成集装箱吞吐量19.4万标准箱，完成外贸吞吐量1114万吨。

安庆港

安庆港是中国内河主要港口之一。属中国对外开放一类口岸。地处安徽省安庆市，位于安徽西南部长江下游北岸，居皖、鄂、赣三省交界处，由中心港区、宿松港区、望江港区、枞阳港区组成。主要经济腹地为安庆市以及安徽西南部、河南东南部、湖北东部等地区，辐射长江中上游地区。

安庆港是安徽省长
江北岸的深水良港，素
有"千年古渡百年港"
之称。早在南宋时期安
庆建城前已有盛唐湾古
渡口。1760 年，安庆设

安庆港

为省府后，古渡发展为港埠。1876 年，安庆港辟为外国轮船暂停口岸。
1902 年，《中英续议通商行船条约》签订后正式通商。中华人民共和
国成立后，尤其是改革开放以来，安庆港建设速度加快，港口功能逐渐
完善。1986 年，安庆港被国务院批准为一类外贸口岸；1996 年，对外
国籍船舶开放；2011 年，被批准为对台湾的直航港口。

截至 2020 年底，安庆港共拥有生产用泊位 33 个，泊位长度 3485
米，泊位散装、件杂货设计年通过能力共 1715 万吨，集装箱设计年通
过能力共 7 万标准箱。2020 年，安庆港完成港口吞吐量 2066 万吨，主
要货种为煤炭、矿建材料及石油等，吞吐量主要集中于中心港区，占比
超 80%；完成集装箱吞吐量 16.5 万标准箱，完成外贸吞吐量 49 万吨。

芜湖港

芜湖港是中国内河主要港口之一。旧称江东首邑。位于安徽省芜湖
市，地处长江下游。由裕溪口煤炭港区、朱家桥外贸和集装箱港区、获
港散货港区、新港散货港区、三山散杂货和集装箱港区、桂花桥散杂货
港区、江岸滨江旅游客运港区、四褐山散杂货港区以及头棚成品油港区

芜湖港朱家桥港区码头

等主要港区组成。主要经济腹地为芜湖市及周边地区，以及安徽中部、东部和南部等地区。

历史悠久，在汉代时期已逐步形成港埠，明、清时期称为江东首邑。1876 年，芜湖港被辟为通商口岸并设立芜湖海关。中华人民共和国成立后，芜湖港是中国首批重点建设的内河港口之一。1958 年，在裕溪口港区建成了中国内河第一座机械化煤炭装船码头。1991 年，成为对外开放港口。

截至 2020 年底，芜湖港共拥有生产用泊位 115 个，泊位长度 12515 米，泊位散装、件杂货设计年通过能力共 10589 万吨，集装箱设计年通过能力共 22 万标准箱，旅客设计年通过能力共 220 万人次，滚装汽车设计年通过能力共 14 万标辆。2020 年，芜湖港完成港口吞吐量 13537 万吨，主要货种为矿建、水泥以及煤炭等；完成集装箱吞吐量 110 万标准箱，完成外贸吞吐量 1610 万吨。

九江港

九江港是中国内河主要港口之一。九江港地处江西省九江市，位于江西北部长江中游南岸，有瑞昌港区、城西港区、城区港区、湖口港区、彭泽港区等 5 个港区。

九江港是江西省唯一的通江达海的港口，主要经济腹地为九江市和南昌市，以及景德镇、乐平、萍乡、新余等周边市县。历史悠久，汉代时期就已

九江港

形成港埠，清代时期成为中国著名的三大茶市和四大米市之一。1858年，九江港辟为通商口岸。中华人民共和国成立后，九江港经过多次改建与扩建，发展迅速，1980年对外开放。

截至2018年5月，九江港沿江拥有码头泊位数257个，其中生产经营性泊位225个，公务及其他性质泊位32个。在生产性经营性泊位中，5000吨级及以上泊位60个，年设计通过能力9000多万吨。进出港的主要货类有铁矿石、非金属矿石、煤炭、集装箱、矿建材料等。2021年，九江港累计完成货物吞吐量1.71亿吨，在长江沿线同类城市港口（芜湖、九江、岳阳、扬州、宜昌）中排名上升至第一；集装箱累计完成65.1万标准箱，在长江沿线同类城市港口中排名继续保持第二。客货运周转量增速86%，继续位列全省第一。

岳阳港

岳阳港是中国内河主要港口之一。地处湖南省岳阳市，位于长江与洞庭湖交汇处。主要经济腹地为岳阳市及周边地区，以及环洞庭湖地区、湖南东北部地区和湖北、江西部分地区。

岳阳港城陵矶港区国际集装箱码头

宋代就已形成港埠，晚清时期设立海关，成为湖南和中南地区重要外贸港口。中华人民共和国成立后，对岳阳港进行了重新规划和改造建设。1965 年，岳阳港分为内河港（岳阳港）、外河港（城陵矶港）；1983 年，对岳阳港区码头进行改造扩建；1990 年，建设韩家湾千吨级码头。1997 年 5 月 31 日，外轮首航。2004 年，重组岳阳港，城陵矶港成为岳阳港港区之一。

截至 2020 年末，岳阳港建成及在建的泊位共 99 个。进出港的主要货类有矿石、油品和煤炭等。2020 年度岳阳港口货物吞吐量 11604.2 万吨，其中集装箱吞吐量 50.9 万标准箱。

长沙港

长沙港是中国内河主要港口之一。地处湖南省长沙市，位于湖南东部湘江中下游。主要经济腹地为长株潭经济圈，包括长沙、株洲和湘潭，间接经济腹地主要是湖南全省及长江沿线地区。

长沙港在秦汉时期已形成港埠，北宋时期日趋兴旺，1904 年辟为通商口岸并设海关。中华人民共和国成立后，长沙港开始进行重新规划和改造，1972 年初步实现机械化作业，1981 年长沙港旅客吞吐量 354

长沙港

万人次。

截至 2020 年末，长沙港建成及在建的泊位共 137 个。长沙港进出港的主要货类有矿石、煤炭和油品等。2020 年度长沙港货物吞吐量 2629 万吨，集装箱吞吐量 14.5 万标准箱。

黄石港

黄石港是中国内河主要港口之一。黄石港地处湖北省黄石市，位于湖北东部长江中游南岸，距离长江入海口 982 千米。主要有城区、棋盘洲、阳新和大冶 4 个港区，港口自然岸线长 15517 米。航道主要包括长江航道、富水河航道。主要经济腹地为黄石市、鄂州市、黄冈市、咸宁市。

黄石港历史悠久，有 1700 多年的发展历史。黄石古港因有黄石矶而形成，铜、铁矿开采和冶炼促进了港口发展。中华人民共和国成立后，黄石港进行了重新规划和建设。1992 年，黄石港开展国际集装箱运输业务。1993 年，对外籍船舶开放。

截至 2016 年底，黄石港共有生产性泊位 53 个。黄石港进出港的主要货类有煤炭、石油、金属矿石、钢铁、矿建材料等。2020 年度，黄石港货物吞吐量 4713 万吨，集装箱吞吐量 6 万标准箱。

武汉港

武汉港是中国内河主要港口之一。地处九省通衢的湖北省武汉市，位于长江中游，湖北东部长江与汉江的交汇处，是武汉长江中游航运中心的重要组成部分。主要经济腹地为武汉市和湖北省其他地区，以及重庆、四川、湖南、陕西、河南等省市部分地区。

历史悠久，东汉末年已形成港埠，最初是在汉阳，而后移至武昌，由兵船泊地向商港过渡。元朝时期因汉水改道，汉口开始形成港埠。

武汉港

1864 年武汉辟为四大通商口岸之一。中华人民共和国成立后，武汉港一直是中国内河港口建设的重点，1992 年成为对外开放港口。

截至 2019 年末，武汉港拥有泊位 199 个。进出港的主要货类有金属矿石、矿建材料、钢铁、集装箱、煤炭、油气及制品、非金属矿石等。2020 年武汉港完成港口货物吞吐量 1.05 亿吨，集装箱吞吐量 196.4 万标准箱。

荆州港

荆州港是中国内河主要港口之一。地处湖北省荆州市，位于湖北省中部，长江中游北岸，有松滋、公安、石首、荆州、沙市、盐卡、江陵、监利、洪湖等港区。主要经济腹地为荆州市以及荆门、钟祥、京山、潜江等县市，以及湖北襄阳和湖南常德等部分地区。航道主要包括长江航道、江汉运河、内荆河航线和淞虎航线。

其前身沙市港已有 2700 年历史，春秋时期已成为楚郢都的外港，唐宋明清时期一直是长江中上游最重要的港口之一。1875 年，沙市港被辟为外轮暂泊口岸，是西方列强在中国内地最早停泊装卸货物的港口之一。中华人民共和国成立后，沙市港建设得到了快速发展。1994 年，更名为荆沙港；1997 年，又改称荆州港。

截至 2017 年，荆州港拥有生产性泊位 58 个。进出港的主要货类有矿建、煤炭、石油等。2020 年度，荆州港货物吞吐量 3556 万吨，集装箱吞吐量 12 万标准箱。

重庆港

重庆港是中国内河主要港口之一。地处重庆直辖市，位于长江与嘉陵江交汇处，是重庆长江上游航运中心的重要组成部分，由主城、涪陵、万州等 3 个枢纽港区，永川、江津、合川、武隆、奉节等 5 个重点港区以及丰都、忠县、西沱、云阳、巫山、巫溪、彭水、酉阳、开县等 9 个一般港区，铜梁、潼南、綦江等 3 个港点组成。主要经济腹地为重庆和四川，以及贵州、云南、陕西、甘肃等部分地区。

历史悠久，早在周朝时期就已成为长江上游的交通中心。1898 年对外通商，抗日战争时期是后方物资运输的主要枢纽。中华人民共和国成立后对港口进行了综合配套建设，改革开放以来尤其是重庆成为直辖市后，先后建成了九龙坡、寸滩、万州红溪沟、涪陵黄旗等一批现代化码头。2015 年，中国内河最大的铁公水联运枢纽港——果园港建成投用，

重庆港

主城寸滩、东港、万州神华等一批 5000 吨级港口陆续建成。

截至 2016 年底，重庆港共有生产用码头泊位 813 个，码头长度 70837 米，生产用仓库总面积 97.80 万平方米，生产用堆场总面积 520.41 万平方米，生产用装卸机械 730 台。

进出港的主要货类有矿建材料、煤炭、金属矿石等。2016 年完成货物吞吐量 1.74 亿吨，集装箱吞吐量 115.24 万标准箱。

梧州港

梧州港是中国内河主要港口之一。地处广西壮族自治区梧州市，位于广西东部桂江、浔江和西江汇合处。布局有中心港区、藤县港区和苍梧港区 3 个港区，梧州至广东肇庆航道等级为可通航 2000 吨级内河船舶的 II 级航道，溯江而上可达贵港、南宁，顺西江而下可达广州、深圳、香港等地。主要经济腹地为梧州市和苍梧县、藤县、蒙山县、岑溪市，以及榆林市、贺州市和洛湛铁路沿线部分地区。

梧州港历史悠久，自秦代在桂江上游开凿灵渠沟通长江和珠江两大水系后，就确立了梧州在岭南水运的重要地位，使梧州成为广西最早的城市和水上运输中心。清代时期的梧州港

梧州港藤县港区赤水圩作业区码头

是广西内河最大港口，光绪年间梧州辟为通商口岸，允许外轮进入梧州港。中华人民共和国成立后，梧州港进入了新的发展阶段，20 世纪 50 年代末，货物吞吐量已达百万吨；1982 年 1 月，国务院批准梧州开辟至香港、澳门直达客运业务。

截至 2020 年底，梧州港共有生产用码头泊位 83 个，码头岸线长度 5230 米。进出港的主要货类有矿建材料、非金属矿石、煤炭及制品、金属矿石、粮食、石油天然气及制品、集装箱等。2020 年，完成货物吞吐量 4416.58 万吨，集装箱吞吐量 76.38 万标准箱。

贵港港

贵港港是中国内河主要港口之一。属中国对外开放口岸。地处广西壮族自治区贵港市，位于西江水系郁江河段。共有中心港区、桂平港区

贵港港

和平南港区 3 个港区，贵港至梧州航道等级为可通航 2000 吨级内河船舶的 Ⅱ级航道，溯江而上可达南宁，顺郁江而下可达梧州、广州、深圳、香港等地。主要经济腹地为贵港市和周边各县市，以及云南、贵州、重庆、四川、湖南等部分地区。

中华人民共和国成立后，贵港港得到重新规划和建设。1953 年开始使用缆车装卸货物，逐步向机械作业发展，1962 年扩建罗泊湾作业区。改革开放以来，改建了罗泊湾作业区，新建猫儿山作业区，使两个作业区的吞吐能力由改革开放前的 100 余万吨猛增至 600 余万吨。1994 年 1月，国务院批准贵港港对外开放。

截至 2020 年底，贵港港共有生产用码头泊位 118 个，码头长度 9020 米。进出港的主要货类有矿建材料、水泥、非金属矿石、煤炭、粮食和集装箱等。2020 年，完成货物吞吐量 1.0552 亿吨，集装箱吞吐量约 34.95 万标准箱。

南宁港

南宁港是中国内河主要港口之一。地处广西壮族自治区首府南宁市，位于珠江流域西江水系南宁段。布局有隆安港区、中心城港区、六景港区、横县港区和马山港区，南宁至贵港航道等级为可通航 2000 吨级内河船舶的 Ⅱ级航道，溯江而上可达百色，顺郁江而下可达贵港、梧州、广州、深圳、香港等地。主要经济腹地为南宁市及所辖区域，以及左右江流域的龙州县、宁明县、崇左市等 12 个县市。

南宁港历史悠久，东晋时期在南宁设晋兴郡，开始形成港埠。清朝康熙年间，在邕州（今南宁）古城镇江门外建渡船码头，清嘉庆至民国初 100 余年间，邕江上游下楞至下游长塘间建有码头 49 处。抗日战争期间，南宁港遭到严重破坏。中华人民共和国成立后，南宁港得到迅速恢复与发展。1956 年，在大坑口上角兴建北大码头；1965 年，上尧码头投产；1981 年，建成 3 个 120 吨泊位的直立式码头；1987 年，开通南宁至港澳水路货物直达运输；1993 年，建成西江港。

截至 2020 年底，南宁港共有生产用码头泊位 87 个，码头长度 5766 米。进出港的主要货类有矿建材料、煤炭及制品、非金属矿石等。2020 年，完成货物吞吐量 845.18 万吨。

济宁港

济宁港是中国内河主要港口之一。地处山东省济宁市。布局有主城、微山、梁山、汶上、嘉祥、邹城、金乡、鱼台 8 个港区，京杭运河济宁段为可通航 1000 吨级内河船舶的III级航道，顺京杭运河至扬州入长江。主要经济腹地为济宁市，以及山东西南部、河北南部、河南北部等地区。

济宁港历史悠久，有 600 多年的兴盛繁荣史，在古运河港航发展史上占有重要地位。20 世纪 90 年代中国实施京杭运河续建工程，充分发挥济宁港独特的区位优势和便捷的交通条件，加快了济宁港的建设，相继建成煤炭码头、件杂货码头、通用码头等，使济宁港得到了快速发展。

济宁港进出港的主要货类有煤炭、矿建材料、化工产品等，2020 年完成货物吞吐量 4180 万吨。

徐州港

徐州港是中国内河主要港口之一。地处江苏省徐州市，位于黄淮海平原东北部的 京杭运河徐州段，是京杭运河上规模最大，现代化程度最高的港口之一。分布有丰县港区、沛县港区、徐州港区、邳州港区、新沂港区和睢宁港区 6 个港区。京杭运河徐州段为可通航 2000 吨级内河船舶的 II 级航道，顺京杭运河至扬州入长江。主要经济腹地为徐州市，以及江苏北部和山东、山西、陕西、河南、河北、安徽、内蒙古等部分地区。

徐州港

中华人民共和国成立后对徐州港进行了重新规划和建设。现在的徐州港是在 1958 年京杭运河统一规划的基础上，于 20 世纪 60 年代末 70 年代初开始兴建的。改革开放后，随着"九五"期间完成台儿庄航道疏浚，1999 年万寨作业区开始三期扩建工程，改造岸线 300 米，增加 2000 吨级泊位 1 个，2004 年实施万寨港区块煤堆场和邳州港区改扩建工程。

截至 2020 年底，徐州港共有生产用码头泊位 32 个，码头长度 4666 米，铁路专用线 21.22 千米。进出港的主要货类有矿建材料、煤炭、钢铁、非金属矿石等。2020 年，完成货物吞吐量 1903.73 万吨，集装箱吞吐量 4.9 万标准箱。

蚌埠港

蚌埠港是中国内河主要港口之一。地处安徽省蚌埠市，位于淮河中游，面向"长三角"。分布有淮河、茨淮新河、涡河、浍河、怀洪新河等河流，淮河 142 千米干流航道为可通航 1000 吨级内河船舶的Ⅲ级航道，可通江达海，布局有中心港区、怀远港区、固镇港区和五河港区 4 个港区。主要经济腹地为蚌埠港，直接腹地为蚌埠市和怀远、固镇、五河三县，以及淮南市、宿州市、淮北市及豫东等周边地区。

蚌埠港是中国内河开发历史较早的港口之一。明朝洪武二年（1369），朱元璋就在蚌埠设立码头转运物资，并设立渡口。清道光、咸丰年间，蚌埠已成为这个地区的盐、粮主要集散地。1912 年、1917 年先后开挖了新、老船塘，内港水域面积有 16 万平方米，有铁路、公路相通，码头工人达 1500 人。中华人民共和国建立后，1951 年改建淮河大堤，老船塘被填平，新船塘口

蚌埠港

门被堵死，蚌埠市港区即被限制在堤坝外的淮河漫滩上。经过逐步建设，"七五""八五"期间，蚌埠港已形成了中心港区、五河港区、怀远港区和固镇港区。"九五""十五"期间，又开工建设了中心港区新港作业区中水位码头以及怀远港区城关作业区部分中水位码头。"十一五"和"十二五"期间，蚌埠港先后建成了蚌埠新港码头、国电黄疃窑码头、力源码头、五源码头、荆盛码头和山水码头等。其中，2014年建成投产淮河首座集装箱码头，并开通了蚌埠至太仓的集装箱班轮运输航线。

截至2020年底，蚌埠港共有泊位30个，码头岸线长度28282231米。进出港的主要货类有矿建材料、煤炭、非金属矿石等。2020年，完成货物吞吐量1731万吨，集装箱吞吐量5.3万标准箱。

无锡港

无锡港是中国内河主要港口之一。地处江苏省无锡市，分为无锡（江阴）港和无锡（内河）港。其中，无锡（江阴）港位于江苏中部长江下游南岸，布局有石利港区、申夏港区、黄田港港区和长山港区4个港区，长江航道水深12.5米；无锡（内河）港位于京杭运河无锡段，布局有城郊港区、惠山港区、锡山港区、宜兴港区、江阴港区5个港区。京杭运河无锡段为可通航1000吨级内河船舶的Ⅲ级航道，北经锡澄运河直通长江，东下京杭运河、申张线直抵上海，南越太湖、锡溧漕河、芜申运河直达浙皖沪等地。主要经济腹地为无锡、常州、苏州市及所属辖区，以及长江三角洲部分地区。

从公元605年开通大运河进行北粮南运时，就在无锡港驿站码头形

无锡港

成粮斛搬运业,清同治年间形成较大规模。无锡(内河)港的下甸桥港,在20世纪70年代已是江苏省重点内河港,80年代开展国际集装箱业务,2001年成为二类对外开放水运口岸。无锡(江阴)港从唐代至明代中叶,一直是中国著名的商港和渔港,改革开放后无锡(江阴)港得到了很大发展,成为长江下游的重要港口,2009年货物吞吐量超过亿吨。

2020年,无锡港完成货物吞吐量3.16亿吨,集装箱吞吐量56万标准箱。其中,无锡(内河)港进出港的主要货类有矿建材料、煤炭、水泥等;完成货物吞吐量6895万吨,集装箱吞吐量5万标准箱。无锡(江阴)港进出港的主要货类有煤炭、金属矿石和化工原料及制品等,2020年完成货物吞吐量2.4705亿吨,集装箱吞吐量51万标准箱。

湖州港

湖州港是中国内河主要港口之一。地处浙江省湖州市,下辖吴兴、南浔、长兴、德清、安吉和太湖旅游港区六大港区。湖州境内有京杭运河、长湖申线、湖嘉申线、杭湖锡线和东宗线等 5 条主干线航道，与众多的支线航道组成水运网络，能通往杭州、宁波、上海和长江沿线。主要经济腹地为浙江湖州市吴兴、南浔两区和长兴、德清、安吉三县，以及浙江杭州、临安，安徽宁国、广德等部分地区。

湖州港历史悠久。春秋时代，"以舟为车、以楫为马、往若飘风、去则难从"的湖州已成为著名港埠。清朝光绪二十一年（1895），湖州至上海客轮通航。1909 年后，湖州与苏州、常州、镇江、嘉兴、上海、杭州和芜湖等地均有轮船互通。20 世纪 20 ～ 30 年代，湖州港开设的轮船公司多达 32 家。中华人民共和国成立后，尤其是改革开放后的"八五""九五"期间，国家投入大量资金整治京杭运河和长湖申线航道，使湖州港通航条件得到显著提高，有力地促进了湖州港发展。湖州港现已成为长江三角洲地区国际集装箱喂给港体系中的一员，是浙北、皖东南地区江海联运和内外贸运输中转的重要枢纽港。

2021 年，湖州港完成货物吞吐量 13108 万吨，其中外贸货物吞吐量 212 万吨，集装箱吞吐量 61 万标准箱。

嘉兴港

嘉兴港是中国内河主要港口之一。地处浙江省嘉兴市，位于东海杭州湾北岸，由 6 个内河港区和 3 个沿海港区组成，其中城郊、海宁、平湖、嘉善、桐乡、海盐（河港）为内河港区，乍浦、独山、海盐（海港）为沿海港区。主要经济腹地为嘉兴市及周边地区，以及杭州市、湖州市

嘉兴港

等浙江北部地区和江苏南部、安徽南部等部分地区。

嘉兴港历史悠久，京杭运河开凿后就形成了港埠，宋代后逐渐兴旺，清光绪八年（1882），设立码头专司管理。乍浦港区自古就是海口重镇，清代时期曾作为东南沿海口岸之一。中华人民共和国成立后，尤其是改革开放以来，随着京杭运河整治工程和嘉兴市实施"以港兴市"发展战略，嘉兴港得到了重新规划和扩建，新建扩建内河码头。1986 年，启动乍浦港区一期工程。1996 年，嘉兴港乍浦港区对外开放。

2021 年，嘉兴港沿海港区完成货物吞吐量 12691 万吨，其中外贸货物吞吐量 1438 万吨，集装箱吞吐量 222 万标准箱；嘉兴港内河港区完成货物吞吐量 12637 万吨，其中外贸货物吞吐量 44 万吨，集装箱吞吐量 38 万标准箱。

杭州港

杭州港是中国内河主要港口之一。地处浙江省杭州市，位于长江三角洲南翼的京杭运河杭州段，由钱江、运河、余杭、萧山 4 个城区港区和富阳、桐庐、建德、淳安、临安 5 个县市港区组成。主要经济腹地为杭州市区及所辖五县，以及长江三角洲、环杭州湾及山东、江西、福建

杭州港富阳港区东洲码头

和皖南部分地区。

　　杭州港历史悠久，早在唐末时期就已有船舶运输的记载，是中国古代有重要影响的港口之一。1840 年后，杭州港也是近代中国一个重要的内河港口。中华人民共和国成立后，杭州港得到重新规划和建设，码头泊位数量有了明显增长。1976 年，艮山港作业区建成投产；1980 年，杭州武林门客运码头建成并投入运行；1989 年，新建濮家件杂货作业区；1994 年，建成钱江三堡散货作业区和六堡海运作业区；1996 年，管家漾作业区开始建设，新建 300 ～ 500 吨级泊位 16 个，并于 2001 年投入使用。1998 年 5 月，濮家作业区吊装转运了第一只集装箱，杭州港进入内河集装箱运输领域。

　　2021 年，杭州港完成货物吞吐量 14655 万吨，其中外贸货物吞吐量 8 万吨，集装箱吞吐量 13 万标准箱。

哈尔滨港

哈尔滨港是中国内河主要港口之一。地处黑龙江省哈尔滨市，位于松花江中游，下辖 8 个港区，主要经济腹地为松花江沿江各市县，间接经济腹地可达嫩江、黑龙江、乌苏里江沿江各地和俄罗斯远东地区。

20 世纪初，哈尔滨就已成为国际性商埠，伴随城市建设港口得到逐步发展，至 20 世纪 40 年代，哈尔滨港已拥有 7 处码头。中华人民共和国成立后，对哈尔滨港进行重新规划。1953 年，建立三棵树作业区；改革开放后，新建了外贸多用途码头；1989 年，哈尔滨港对外开放。担负着黑龙江、松花江、乌苏里江沿江市县所需物资运输和对俄进出口贸易的中转换装任务。

2021 年，哈尔滨港完成货物吞吐量 299 万吨。

佳木斯港

佳木斯港是中国内河主要港口之一。地处黑龙江省佳木斯市，下辖 6 个港区，分属松花江、黑龙江、乌苏里江，水运上达嫩江、第二松花江，下达黑龙江、乌苏里江。主要经济腹地为佳木斯市及周边地区，以及黑龙江省东北部地区。

始建于 1919 年，当时为自然坡岸码头，港口吞吐量很小。1937 年，出现钢板桩结构军民两用码头。1977～1985 年，建成煤炭、木材、砂石、粮食和杂货等专业码头。1989 年，佳木斯港对外开放。主要担负松花江、

佳木斯港

黑龙江和乌苏里江沿岸地区工农业生产和对外贸易物资的中转储运和装卸任务，是三江平原对外开放的重要窗口。

2021 年，佳木斯港完成货物吞吐量 41 万吨，其中外贸货物吞吐量 39 万吨。

香港港

香港港是中国香港特别行政区的港口，是国际航运中心，天然良港。位于亚洲—欧洲、亚洲—北美两大主干航线的交会处。每周可提供 330 个集装箱班期服务，连接世界上 470 个港口，是世界最繁忙和效率最高的港口之一。

世界各地有 300 多家轮船公司的总部、分公司或代理处设在香港。长期以来一直奉行自由贸易与自由通航的自由港政策。香港岛、九龙、新界等地区全境都是自由港，对进出口贸易基本无管制，对本地厂商出

香港港葵涌码头

口商品不提供任何优惠和特权，对进口商品亦不设关税和非关税壁垒。

香港港共有 15 个港区，其中维多利亚港区最大，掩护条件最好。港口拥有 3 个检验检疫锚地，8 个危险品船锚地和 13 个普通货物船舶锚地。主要作业区域包括集装箱码头作业区、内河贸易码头作业区、中流作业区、公共货物作业区和服务区等共 5 个区域。位于葵涌和青衣地区的集装箱码头是香港港最主要的集装箱作业区，港区面积 279 公顷，有 9 个集装箱码头，共 24 个泊位，岸线总长 7694 米，进港航道水深 17 米。

2021 年完成货物吞吐量 2.14 亿吨，完成集装箱吞吐量 1779.8 万标准箱，位居全球第 10 位。

澳门港

澳门港是中国澳门特别行政区的唯一港口，是通过水路进出澳门的重要通道。

　　澳门港位于中国广东珠江三角洲珠江口西侧，北面紧邻珠海市，东面隔江与香港和深圳相望，中间水道宽约 30 ～ 40 千米。澳门港分外港码头、内港码头、氹仔码头和九澳港码头 4 部分。外港码头位于澳门半岛东面，是往来香港和珠三角地区客轮的主要码头。内港码头位于澳门半岛西面，是澳门主要的货运码头，包括 33 个货运泊位和 1 个客运泊位，进港航道宽 55 米，水深 3.5 米。氹仔码头位于氹仔岛东北面，澳门机场客运大楼北侧，是于 2007 年新启用的客运码头，提供来往香港和珠三角地区的客运服务。九澳港码头位于路环岛东北面，港区内有油库码头、水泥厂码头、集装箱货运站码头和电厂码头。

　　2021 年完成客运量 27.08 万人次，完成集装箱吞吐量 12.4 万标准箱。

基隆港

　　基隆港是中国台湾地区的重要海港。位于中国台湾地区北部盆地北端的鸡笼湾内，东面和东北面隔太平洋西部海区与琉球群岛相峙，扼中国南北航线和太平洋航线及环太平洋航线要冲。港区东、西、南三面环山，一面临海，形成山环水绕、风平浪静的天然良港。

　　基隆港于 1886 年正式建港。经过 100 多年，特别是近 20 多年的发展，已经发展成为知名的世界贸易港口。20 世纪末以来，其集装箱吞吐量排名列世界前 50 强。航线遍及日本和东南亚、欧洲、美洲、大洋洲各国港口。基隆港分为商港、军港和渔港三部分，港域面积 572 公顷，航道水深 10.5 ～ 13 米，可允许 10 万吨级船舶进出港。商港拥有泊位 60

基隆港

余座（万吨级以上泊位 20 余座），其中营运泊位 40 余座（集装箱码头 13 座）、非营运泊位 17 座。进口货物有煤炭、石油、矿石、粮食、杂货和集装箱等；出口货物有机械、化工、电子、轻工、加工食品等产品。2003 年，货物吞吐量 3448.1 万吨，集装箱吞吐量 200.1 万标准箱。军港有泊位 26 座。渔港年捕鱼量 30 多万吨。

高雄港

高雄港是中国台湾地区的最大港口。位于中国台湾岛西南沿海高雄市，扼台湾海峡与巴士海峡航路交汇要津，地理位置优越。港口北有寿山，南有旗后山，外有天然长岛，在港口四周形成天然屏障，自然条件良好。海运干线通达北美和欧洲，海运支线遍及东南亚各国。港口地处台湾岛三大工业区之一的南部工业区，岛内大型钢铁、造船和石化等重要工业大多集中于此，腹地货源稳定。高速公路和环岛铁路通达港区，海底隧道使港区与市区相通，集散运输便利。

高雄港

高雄港港口水域面积 1.59 亿平方米，陆域面积 1871 万平方米，航道全长 18 千米。截至 2016 年，泊位 123 个，其中集装箱泊位 27 个，主要泊位水深 12.5 ～ 17.0 米，主要分布在蓬莱、盐埕、苓雅、中岛、前镇、小港、中兴、大仁 8 个商港区，其中 27 个大型集装箱专用泊位相对集中地分布在大仁、小港、中兴、前镇和中岛 5 个商港区。2016 年，高雄港完成集装箱吞吐量 1046 万标准箱。

新加坡港

新加坡港是新加坡共和国的唯一港口。地理位置是北纬 1°09′ ～ 1°29′，东经 103°36′ ～ 104°25′。位于马来半岛南端的新加坡的南部沿海，马六甲海峡的东南口，扼太平洋及印度洋之间的航运要道，居欧亚海上航线的要冲，是世界上著名的自由贸易港。承担亚太地区最大的转口贸易和中转运输，港口吞吐量和集装箱吞吐量都居世界大港前列。新加坡港已经成为新加坡政治、经济、文化、交通的综合支柱。

新加坡港

新加坡港自然条件优越，水域宽敞，很少风暴影响，辖区面积达538 万平方米，水深适宜，吃水在 13 米左右的船舶可顺利进港靠泊，港口设备先进完善，采用计算机化的信息系统，用户手续简化、方便。

新加坡港由新加坡港务公司和裕廊港务公司两个港口经营人组成。其中，新加坡港务公司是世界最大的集装箱中转码头，拥有集装箱专用泊位 62 个，分别分布在 8 个码头区域上，岸线总长 19170 米，占地 7.44 平方千米，泊位前沿最大水深 18 米，设计能力 4200 万标准箱。2016 年，完成集装箱吞吐量 3059 万标准箱，另完成件杂货吞吐量 101 万吨，商品汽车 102 万辆。新加坡港务公司还拥有一个商品汽车滚装码头，年吞吐商品汽车能力达 100 万辆。裕廊港务公司以从事干散货、件杂货、特种货物和液体货物装卸业务为主，主要服务于新加坡裕廊工业园区。裕廊港务公司拥有泊位 32 个，岸线总长 5.6 千米，泊位前沿水深 5 ～ 16 米。

13 世纪新加坡港已有港口业务，1891 年开始有转口贸易，1972 年集装箱专用泊位投入运营。新加坡港航线遍及世界五大洲，与世界上120 多个国家和地区的 600 多个港口有业务联系，共开辟 250 多条航线，每周有 430 个航班发往世界各地，是东南亚最大的国家集装箱转运中心。新加坡港集装箱吞吐量连续 10 多年居于世界第一位。2021 年完成货物吞吐量 5.99 亿吨，完成集装箱吞吐量 3746.8 万标准箱。

神户港

神户港是日本主要国际贸易港口之一。地理位置是北纬 34°40′，东经 135°12′。位于大阪湾西北岸，距大阪湾东北岸的日本另一主要港口大阪港约 30 千米，被看作大阪港的深水外港，二者合称阪神港。神户港北有六甲山横亘，西有和田岬阻拦，形成了天然的防波屏障，是世界著名良港。

神户港在 3 世纪时就开展同中国和朝鲜进行贸易和文化交流。古称务古水门、大轮田泊、兵库津等，曾经是日本国内第一大港，历史上多经兴衰。1868 年，再次对外开港，称为兵库港。1892 年，兵库津成为西洋文化进入日本发展的重要港口，正式对外称为神户港。开辟有至北美和欧洲的国际海运干线及至东南亚各国的地区海运支线，是国际海上运输的重要枢纽。

日本神户港

神户港与经由大阪湾北岸并通达日本列岛的高速公路和干线铁路相连，集散运输方便。泊位 112 个，主要分布在港岛、六甲岛、摩耶、新港和兵库等码头，其中港岛和六甲岛是为扩大港口吞吐能力和适应集装箱运输的需要建设的人工岛。港口主要泊位水深 10.0 ～ 15.0 米。其中集装箱泊位 47 个，集中分布在港岛、六甲岛和摩耶码头，泊位水深 12.0 ～ 15.0 米。

神户港港口吞吐量和集装箱吞吐量曾经位于世界前列。2020 年，货物吞吐量 4626 万吨，集装箱吞吐量 204 万标准箱。

横滨港

横滨港是日本主要港口之一。地理位置为北纬 35°27′，东经

139°38′，位于东京湾西岸中部，距东京湾西岸北部的日本另一主要港口东京港约30千米，历来被看作东京港的深水外港。在两港中间有川崎港。三者合称京滨港。

横滨港于1859年在西方列强武力下被迫根据《日美通商条约》作为自由贸易港开港。20世纪后期，多次进行筑港和填海造陆，面积不断扩大。历史上曾经遭受关东大地震、第二次世界大战的破坏。第二次世界大战后被美国军队接管，港区变成美国军事基地。1952年，美国归还了横滨港口及周围地区，后多次改造和扩建。港区水域面积7339万平方米，码头岸线40千米，其中水深9米以上的超过17千米。临港地区总面积2813万平方米。横滨港共有10个港区，大中小泊位共245个，其中万吨级以上120个，最大水深23米，可停靠20万吨级油轮。港口

横滨港

码头主要分布在本牧、大黑、山下、新港、瑞穗和大栈桥等地。其中集装箱泊位集中分布在本牧和大黑码头。横滨港有至北美和欧洲的国际海运干线及至东南亚各国的地区海运支线，是国际海上运输的重要枢纽。地处日本三大经济区域之一的关东经济区域和日本三大工业地带之一的京滨工业地带，与经由东京湾西岸并通达日本列岛的高速公路和干线铁路相连，集散运输便利。

2020 年，横滨港完成集装箱吞吐量 241.2 万标准箱。

东京港

东京港是日本重要港口之一，也是东亚地区重要的海港之一。位于日本东京湾内，江户川河口区，紧邻日本政治、经济和文化中心的首都东京。始建于 1392 年。随着 1858 年美国日本友好条约的签订，东京港的部分码头开始对外开放，到 1941 年 5 月 20 日成为完全的对外开放港

东京港

口。东京港以东京都城市群为主要经济腹地。东京是世界上发达的城市之一，2016 年其 GDP 排名世界第二，仅次于纽约，东京港也因此拥有丰富的货源。

东京港陆域面积约 10.3 平方千米，拥有近 23 千米的岸线，共 205 个泊位，其中拥有集装箱泊位 15 个，占有岸线长 4479 米，是日本最重要的邮轮母港之一，每年都有大量的旅客通过邮轮进出东京都市圈。到港船舶艘次数在 2014 年实现历史最高纪录的 25259 艘次，当年完成货物吞吐量 8719 万吨。2020 年，完成集装箱吞吐量 426 万标准箱。

大阪港

大阪港是日本五大集装箱港口之一。

◆ **地理位置**

位于日本本州西南沿海的中岛川与大和川河口之间，濒临大阪湾的东北侧。大阪港自古以来就是京都的海上门户，市内河道纵横，有"水都"之称。现为阪神工业区之核心，轻重工业综合发展，其工业产值仅次于东京，居日本第二位。主要工业有石油化工、钢铁、金属加工、运输机械及电机等。

大阪港是亚热带季风气候，盛行东北风。年平均气温冬季为 10℃，夏季为 27℃。每年有雾日 66 天，全年平均降雨量约 1500 毫米。属半日潮港，有日潮不等现象，大潮升 1.4 米，小潮升 1.1 米。

◆ **港区设施**

1868 年，大阪市开市时同时开港。主要位置在港区、大正区、此花区、住之江区以及部分的西区。明治以后，大阪港与邻近作为国营国际贸易港口而兴建的神户港有着鲜明的区隔，大阪港有相关的基础建设，是传统的城市港湾。

大阪港

大阪港自北向南分为北港、内港及南港 3 个港区。港区主要码头泊位有 39 个，岸线长 10460 米，最大水深 12 米，装卸设备有各种岸吊、门吊、集装箱吊、浮吊、拖船及滚装设施等，其中浮吊最大起重能力达 350 吨。港区有普通仓库面积 134 万平方米，冷藏库 89 万立方米，集装箱理货场地面积近 56 万平方米，码头最大可靠 3.5 万载重吨的船舶。该港拥有最先进的电脑系统，设立了综合流通中心，能以最高效率处理集装箱货物，在 1995 年 4 月建成全日本最大的蔬菜水果输入码头，具有最新高科技机能，总面积达 1.8 万平方米，可堆放 40 万吨蔬菜。大船锚地最大水深 14 米。集装箱码头泊位 9 个，泊位水深最大超过 15 米，泊位长度 450～2100 米。

◆ **吞吐情况**

2019 年，大阪港集装箱吞吐量 213 万标准箱。2020 年，大阪港集装箱吞吐量 211 万标准箱。以集装箱航线为中心，与世界 100 多个国家和地区的 400 多个港口有贸易往来。

釜山港

釜山港是韩国最大集装箱港，世界集装箱十大港口之一。港口地理位置是北纬 35°06′，东经 129°02′。位于朝鲜半岛东南端，居朝鲜海峡要冲，是朝鲜半岛的东南门户。

1876 年，开港并对外开放，国际海运干线通达北美和欧洲，地区海运支线遍及东南亚各国，是国际海上运输的重要枢纽。韩国的汽车、电子、造船、钢铁和纺织工业产品远销海外。

釜山港港口岸线总长 30.7 千米，分为普通码头区、釜山北港区和釜山新港区。普通码头区包括韩国最大渔港的南港、件杂货和水产品中心的甘川港以及提供船舶修理和普通客船服务的多大浦港。釜山北港区

釜山港

拥有 140 年的历史，曾经是釜山港的主要作业区，拥有集装箱码头 20 个，分别分布在子城台码头（5 个）、牛岩码头（3 个）、新戡蛮码头（3 个）、戡蛮码头（4 个）和神仙台码头（5 个）。北港区现正在进行大规模改造，将打造成具备综合功能的国际海洋旅游中心。2006 年，釜山新港区开港，全部建成后共拥有集装箱泊位 23 个，水深 17 米以上。

2020 年，完成集装箱吞吐量 2182.3 万标准箱，占韩国港口集装箱吞吐量的 74.9%。釜山港是东亚地区重要的集装箱中转港，2020 年，完成国际集装箱中转量 1202 万标准箱，占当年全港集装箱吞吐量份额的 55%。

丹戎帕拉帕斯港

丹戎帕拉帕斯港是东南亚国家马来西亚最重要的港口之一。

位于马来西亚和新加坡的交界处，马来西亚普莱河（Pulai River）入海口的左岸，码头沿河口西北东南向顺岸布置。港口与新加坡隔狭窄的柔佛海峡相望，向东即新加坡的裕廊工业区，相距不到 10 千米。向南直接面向新加坡海峡，地理位置非常重要。港口始建于 20 世纪末，于 2000 年 1 月正式投产。

丹戎帕拉帕斯港拥有 5.04 千米岸线，14 个泊位，泊位

丹戎帕拉帕斯港

水深 15 ～ 19 米，57 台超巴拿马型集装箱岸桥，设计吞吐能力为 1050 万标准箱 / 年。港口实行自由港政策，港口后方约 6.33 平方千米（1563 英亩）的土地作为自由港工业和物流用地，已经完成了第一期和第二期约 2.57 平方千米（635 英亩）土地的开发和配套建设。2020 年，完成集装箱吞吐量 985 万标准箱。

林查班港

林查班港是泰国最大最重要的集装箱港口。

位于泰国南部，泰国湾的东岸，距离泰国首都曼谷约 120 千米。由于原泰国主要港口曼谷港受航道、陆域和地理区位条件的限制难以适应泰国经济发展的需要，因此，泰国政府选在林查班兴建了此大型集装箱港口。

林查班港

　　林查班港始建于 1988 年,其集装箱码头于 1991 年建成,港口陆域占地 1041 公顷,拥有 7 个集装箱泊位,一个多用途泊位,一个滚装泊位,一个客滚泊位和一个件杂货泊位,各泊位水深 14 ～ 15.2 米,可以停靠世界最大型的集装箱船。港口集疏运基础设施便利,物流服务效率较高,有高速公路和铁路与码头直接连通,向北 2 小时内可直达泰国首都曼谷,向南 1 小时可达泰国东南部旅游胜地芭堤雅。2020 年,完成集装箱吞吐量 754.6 万标准箱。

胡志明港

　　胡志明港是越南最主要的海港。又称西贡港。

　　位于越南的南部,东临南中国海,紧邻国际主航道,地理位置十分重要。胡志明港水源发源于中国的澜沧江,流入中南半岛后改称为湄公河,经老挝、缅甸、泰国、柬埔寨和越南,于越南胡志明市流入南海。胡志明港的主要港区即分布于胡志明市的湄公河三角洲上,沿湄公河两

胡志明港

岸布置。1989年，越南成立西贡新港集团，胡志明港的绝大部分资产即划归西贡新港集团管理。西贡新港集团是越南最大的港口经营和管理企业，也是最主要的集装箱码头管理企业，其集装箱吞吐量约占越南全国的50%。胡志明港在胡志明市拥有两个港区，主要开展集装箱业务，岸线总长约2300米，拥有泊位10个，水深为12～15.8米。2020年，完成集装箱吞吐量972.4万标准箱。

胡志明港有三个码头，分别为：新港（New Port）、凯莱港（Cat Lai Port）、越南国际集装箱码头（VICT Port）。图为鸟瞰胡志明市凯莱港集装箱码头。

吉大港

吉大港是孟加拉国最大的海港。

位于孟加拉国东南沿海的戈尔诺普利（Karnaphuli）河下游，背靠孟加拉国第二大城市吉大港，濒临孟加拉湾的东北侧，距河口约15千米，

吉大港

距离孟加拉国首都达卡约 240 千米。

吉大港始建于 16 世纪，港口直接腹地吉大港市工商业发达，棉、麻纺织品和茶叶加工、炼油、玻璃及化肥等是其主要工业门类，也为吉大港提供了丰富的货源。吉大港有铁路联通，可直达首都达卡。港区主要码头泊位有 11 个，最大水深约 9.5 米。另有 9 个江面过驳泊位。最大允许靠港船舶长度不得大于 190 米。吉大港出口加工区始建于 1984 年，面积达 260 公顷。2020 年，完成货物吞吐量 1.03 亿吨，其中进口货物吞吐量 9350 万吨，占全港吞吐量的 93.5%；完成集装箱吞吐量 284 万标准箱。

马尼拉港

马尼拉港是菲律宾最大的港口。

位于菲律宾最大的岛屿吕宋岛西南侧的马尼拉湾东岸，在帕西格河入海口两侧沿岸线展开，毗邻首都马尼拉市中心。马尼拉港分三个港区，分别是北港区、南港区和位于中间的马尼拉国际集装箱码头区。

北港区占地面积为 52.5 万平方米，岸线长 5.2 千米，拥有 68 个泊位，泊位最大水深 10 米，主要开展件杂货、集装箱和菲律宾岛屿间的客运业务。

南港区占地面积为 85 万平方米，岸线长约 2 千米，泊位最大水深 12.2 米，主要开展集装箱、件杂货、滚装和邮轮业务。

马尼拉国际集装箱码头是马尼拉港最大的集装箱作业区，也是菲律宾最大的集装箱港区，拥有 7 个泊位，最大水深 12.2 米，其集装箱吞

马尼拉港

吐量约占全港的 50%。2020 年，马尼拉港完成到港船舶 17841 艘次，完成客运量 34.3 万人次，全港货物吞吐量 8764 万吨，完成集装箱吞吐量 443.4 万标准箱。

第3章

航道

国家高等级航道

国家高等级航道指已有和规划建设为可通航千吨级船舶的三级及以上航道，个别地区的航道受条件限制为可通航 500 吨级船舶的四级航道。

中国于 2007 年发布的《中国内河航道与港口布局规划》（以下简称《规划》），首次提出的中国内河航道的核心和骨干航道，也是国家综合运输体系重要组成部分的内河航道。

截至 2018 年底，中国内河航道通航里程达到 12.7 万千米。《规划》发布前，中国初步形成了以长江、珠江、京杭运河、淮河、黑龙江和松辽水系为主体的内河水运体系，内河水运的服务腹地有了较大的延伸和扩展，服务质量明显提高。但由于历史原因，内河航道建设资金投入不足，基础设施薄弱，高等级航道少，干支航道没有高标准贯通等问题突出。随着经济发展，内河船舶大型化趋势与航道等级偏低的矛盾也愈发明显。为充分发挥内河水运优势，完善国家综合运输体系，促进水资源综合开发与合理利用，交通运输部和国家发展和改革委员会组织编制了《规划》。

《规划》提出，到 2020 年，中国将在水运资源较为丰富的长江水系、珠江水系、京杭运河与淮河水系、黑龙江和松辽水系及其他水系，形成长江干线、西江航运干线、京杭运河、长江三角洲高等级航道网、珠江三角洲高等级航道网和 18 条主要干支流高等级航道，简称"两横一纵两网十八线"（2-1-2-18），构成中国各主要水系以通航千吨级及以上船舶的航道为骨干的航道网络，规划内河高等级航道约 1.9 万千米，占中国内河航道里程的 15%，其中三级及以上航道 1.43 万千米，四级航道 4800 千米，分别占中国内河航道里程的 75% 和 25%。

其中，长江三角洲高等级航道网是指以长江干线和京杭运河为核心，三级航道为主体，四级航道为补充，由 23 条航道组成的"两纵六横"高等级航道网。两纵：京杭运河—杭甬运河（含锡澄运河、丹金溧漕河、锡溧漕河、乍嘉苏线），连申线（含杨林塘线）；六横：长江干线（南京以下），淮河出海航道—盐河，通扬线，芜申线—苏申外港线（含苏申内港线），长湖申线—黄浦江—大浦线、赵家沟—大芦线（含湖嘉申线），钱塘江—杭申线（含杭平申线）。

珠江三角洲高等级航道网是指以海船进江航道为核心，以三级航道为基础，由 16 条航道组成的"三纵三横三线"高等级航道网。三纵：西江下游出海航道，白坭水道—陈村水道—洪奇沥水道，广州港出海航道；三横：东平水道，潭江—劳龙虎水道—莲沙容水道—东江北干流，小榄水道—横门出海航道；三线：崖门水道—崖门出海航道，虎跳门水道，顺德水道。

"十八线"高等级航道是指 18 条主要干支流，包括长江水系十线，即岷江、嘉陵江、乌江、湘江、沅水、汉江、江汉运河、赣江、信江、合裕线；珠江水系三线，即右江、北盘江—红水河、柳江—黔江线；京杭运河与淮河水系二线，即淮河、沙颍河线；黑龙江和松辽水系二线，即黑龙江、松花江线；其他水系一线，即闽江线。

《规划》发布以来，中国内河航道建设成就显著，截至 2017 年底，通航千吨级船舶的三级及以上航道已达 1.25 万千米，是 2007 年的 1.42 倍；中国内河完成货运量 54 亿吨、货物周转量 1.99 万亿吨千米，较 2007 年分别增长 3.16 倍和 4.63 倍。国家高等级航道已成为综合交通体系的骨干和电力、冶金、石化、汽车、装备制造、电子电器等产业布局的重要依托。

内河航道

内河航道是由江河、湖泊、水库、人工运河和渠道等内陆水域可供一定尺度的船舶航行的通道。

按航道尺度大小及组成不同水网的需要，航道划分为不同等级，并分别规定有最小航道水深、宽度、弯曲半径及跨河建筑物水面以上的净空（净高、净宽）要求。为保证船舶安全航行，根据航道情况和水域条件，航道中设置有航标。航道分为天然航道和人工航道两类；按航道条件和河流特征又分为平原航道、山区航道、湖泊水库航道、渠化航道等。

内河航道是重要的交通基础设施，是人类自古以来的重要交通线路，其开发利用对社会经济发展起到了巨大的促进作用。内河航道是可持续利用的运输资源，凡航道条件许可、腹地货源稳定的，国家都对其加以优先开发和充分利用。

截至 2016 年底，中国内河航道通航里程 127100 千米。其中，等级航道 66400 千米（三级及以上航道 12100 千米，占总里程的 9.5%），等外航道 60700 千米。各等级内河航道通航里程分别为：一级航道 1342 千米，二级航道 3681 千米，三级航道 7054 千米，四级航道 10862 千米，五级航道 7485 千米，六级航道 18150 千米，七级航道 17835 千米。中国各水系内河航道通航里程分别为：长江水系 64883 千米，珠江水系 16450 千米，黄河水系 3533 千米，黑龙江水系 8211 千米，京杭运河 1438 千米，闽江水系 1973 千米，淮河水系 17507 千米。内河港口生产用码头泊位 24501 个，其中内河港口万吨级及以上泊位 423 个。

内河航道网

内河航道网是由江河、湖泊、水库、人工运河和渠道等内陆水域形成的可供一定尺度的船舶通行的内河航道系统。

内河航道网一般是指通过整治和疏浚天然水系干流的中下游，渠化上游和主要支流，使它们符合通航的要求，并在各水系之间开凿连接运河而逐步形成的。中国是世界上开凿人工运河、连通天然水系较早的国家。春秋时代，中国就开始开凿大规模的运河，经过历代的努力，到 7 世纪初建成了沟通南北的大运河，它把钱塘江、长江、淮河、黄河和海河五大水系连贯起来，形成一个内河航道网。中华人民共和国成立后，经过大规模建设，中国已经基本上形成了长江、珠江、黑龙江等几大航道系统。

欧洲在中世纪后期，随着商品经济迅速发展的需要，运河航道的修建和内河航道网的发展取得了较大发展。例如，法国在 17 世纪开凿了朗格多克运河，通过加龙河连接了大西洋的比斯开湾和地中海；德国在 18 世纪初开凿了连通易北河、奥得河和威悉河的运河。现代内河航道网朝着统一进而提高航道标准、扩大通航范围的方向发展。欧美国家现已形成 3 个现代化的内河航道。

①以密西西比河为主干的美国航道网。密西西比河由北向南注入墨西哥湾。其治理目的是以防洪为主。治理方法基本上是上游和主要支流实行梯级渠化，中下游进行整治和疏浚。经过长期治理，密西西比河水系航道里程已近 2 万千米，其中近一半达到了 2.74 米的标准水深，形成了江、湖、河、海相连，干支畅通无阻、四通八达的航道网。

②以莱茵河为主干的西欧航道网。莱茵河流经瑞士、法国和德国，在荷兰鹿特丹以西注入北海。莱茵河的治理目的是以航运为主。治理方法基本上是对干流采取上游渠化、中游整治、下游疏浚，对主要支流全部实行梯级渠化，同时开凿众多的人工运河，沟通各主要水系。其中最重要的工段是开凿美因河—多瑙河运河，连通莱茵河和多瑙河。经过长期治理，整个西欧地区形成了以莱茵河为主体，总长约 2 万千米，载重量 1350 吨、满载吃水 2.5 米的自航驳可畅通无阻的四通八达、干支直达的内河航道网。

③以伏尔加河为主干的俄罗斯欧洲部分航道网。伏尔加河由北向南注入里海。伏尔加河干线和主要支流都已实现渠化，并开凿了伏尔加河－

波罗的海运河、伏尔加河－顿河运河、白海－波罗的海运河、莫斯科运河等运河，形成了通达白海、波罗的海、里海、黑海、亚速海等五海的统一深水航道网。航道网有水深 3.65 米以上航道 8000 多千米，可进行江海直达运输。

长江水系航道

长江水系航道是中国内河主要航道网之一。中国内河运输的大动脉。

长江水系是中国最大的水系。全水系干支流 3600 余条，干流横贯东西，支流辐射南北，水量充沛，终年不冻，水运条件优越。长江全长约 6300 千米，流经青海、西藏、四川、云南、重庆、贵州、湖北、湖南、陕西、河南、江西、安徽、江苏、浙江、上海 15 个省（直辖市、自治区），流域面积 180 余万平方千米。干流从云南水富至上海长江口长 2838 千米。其中，上游从水富至宜昌长 1069 千米；中游从宜昌至汉口长 626 千米；

长江水系航道九江段

下游从汉口至长江口长 1143 千米。主要支流有岷江、嘉陵江、乌江、汉江以及洞庭湖水系、鄱阳湖水系、巢湖水系、太湖水系和长江三角洲水网等。

长江水系航道是中国内河建设的重点之一。2007 年交通部（今交通运输部）发布的《全国内河航道与港口布局规划》提出，要在水资源较为丰富的长江水系形成长江干线、长江三角洲高等级航道网。长江水系已初步形成了以长江干线、长江三角洲、岷江、嘉陵江、乌江、湘江、沅水、汉江、江汉运河、赣江、信江、合裕线等国家高等级航道网和泸州港、重庆港、宜昌港、荆州港、武汉港、黄石港、长沙港、岳阳港、南昌港、九江港、芜湖港、安庆港、马鞍山港、合肥港、湖州港、嘉兴内河港等 16 个主要港口组成的航运体系。

2016 年，长江水系航道通航里程约 64848 千米，其中，一级航道 1145 千米，二级航道 1459 千米，三级航道 3113 千米。长江干线上游航道重庆至宜宾段航道最低维护水深达到 2.9 米；中游航道全部达到或超过一级航道标准，武汉至城陵矶段航道最低维护水深提高至 4.0 米，城陵矶至荆州段航道最低维护水深提升至 3.8 米；下游航道福姜沙中水道航道维护水深提升至 9.0 米，12.5 米深水航道通达南京，长江出海口至南京全程可通航 5 万吨级以上船舶。三峡升船机建成通航，显现了客货轮、特种船舶快速过坝的通道效益。

2016 年，长江干线生产性泊位 3922 个，其中万吨级泊位 572 个；长江干线货船平均吨位 1490 吨，通过三峡船闸的货船平均吨位 4240 吨；长江干线货物通过量 23.1 亿吨；规模以上港口完成货物吞吐量 22.7 亿吨，完成外贸货物吞吐量 3.3 亿吨，完成集装箱吞吐量 1520 万标准箱；通过三峡船闸、葛洲坝船闸的货运量累计双超 1.3 亿吨；长江水系亿吨大港总数已达到了 14 个。

珠江水系航道

珠江水系航道是中国内河主要航道网之一。位于中国西南部，由西江、北江、东江和珠江三角洲水网组成。

珠江水系是中国七大水系之一，地跨云南、贵州、广西、广东、湖南和江西 6 省（自治区）及越南部分地区，流域面积 45.36 万平方千米，其中中国境内 44.21 万平方千米。全水系有通航河流 905 条。2016 年通航里程达 16450 千米。其中，三级及三级以上航道 1687 千米，四级航道 1566 千米，五级航道 752 千米。

珠江水系主干西江发源于云南曲靖马雄山，由南盘江、红水河、黔江、浔江、西江 5 个河段组成，流经云南、贵州、广西、广东，至珠海市磨刀门入南海，全长 2214 千米。珠江水系航道的核心部分是珠江三角洲航道网。珠江三角洲河系自然地理范围包括：思贤滘以南的西江、北江水系三角洲，石龙以西的东江三角洲，直接注入珠江三角洲的中小河流，以及香港的九龙半岛和澳门地区。珠江三角洲河网密布，河海相连，按照规划，珠江三角洲高等级航道网以海船进江航道为核心，以三级航道为基础，由 16 条航道组成"三纵三横三线"高等级航道网。其中，"三纵"指西江下游出海航道，白坭水道—陈村水道—洪奇沥水道，广州港出海航道；"三横"指东平水道，潭江—劳龙虎水道—莲沙容水道—

珠江水系航道虎门港

东江北干流，小榄水道—横门出海航道；"三线"指崖门水道—崖门出海航道，虎跳门水道，顺德水道。

珠江水系河流密布，水源充足，加之"三江相连，八门入海"，水运优势得天独厚，航运发展历史悠久。早在远古，越族先民就在珠江流域生产生活，繁衍生息，利用舟楫之利，开创水上活动。秦汉时期，秦始皇开凿灵渠，沟通长江和珠江两大水系，为实现南北统一、开展中原与岭南经济文化交流发挥了巨大作用。及至现代，随着珠江流域尤其珠江三角洲地区经济的迅猛发展，珠江航运发展迅速。

珠江水系航道是中国内河航运建设的重点之一。2007年中国交通部发布《全国内河航道与港口布局规划》，在水资源较为丰富的长江水系、珠江水系、京杭运河与淮河水系、黑龙江和松辽水系及其他水系，形成长江干线、西江航运干线、京杭运河、长江三角洲高等级航道网、珠江三角洲高等级航道网、18条主要干支流高等级航道和28个主要港口布局。珠江水系已初步形成了以西江航运干线、珠江三角洲、北盘江—红水河、右江、柳江—黔江等国家高等级航道网和南宁、贵港、梧州、肇庆、佛山 5 个主要港口，以及北江、东江等区域重要航道和港口组成的航运体系。珠江水系四省区相继建成了一批专业化的煤炭、水泥、集装箱泊位。

2016 年，珠江水系内河共进行航道建设项目 21 个、港口建设项目 64 个、船闸（枢纽）建设项目 10 个，累计完成基本建设投资 73.6 亿元。截至 2016 年底，珠江水系拥有内河生产泊位 2166 个，港口年综合通过能力 5.47 亿吨，集装箱年通过能力 1305 万标准箱。2016 年珠江水系完成货运量 8.34 亿吨、货物周转量 1663.3 亿吨千米，同比分别增长 6.0%、8.9%；珠江水系港口完成货物吞吐量 61376 万吨，同比增长 6.6%；完成集装箱吞吐量 1146 万标准箱，同比增长 6.8%，均创历史最高。珠江水运在促进区域经济合作、产业转移和综合运输体系发展中的优势日益突出。

淮河水系航道

淮河水系航道是中国内河主要航道网之一。是继长江水系航道和珠江水系航道之后的中国第三大水系航道。

淮河水系航道主要分布于河南、安徽、山东、江苏四省境内。2016 年，通航里程 17507 千米，其中二级航道 465 千米、三级航道 1280 千米、四级航道 1194 千米、五级航道 1039 千米、六级航道 3060 千米、七级航道 1811 千米、等外航道 8658 千米。主网架"一横一纵两支六线"航

淮河水系航道盱眙段

道，不包括京杭运河、淮河出海航道、连申线、通扬线。

"一横"。即淮河干流航道，从河南息县至京杭运河口 640 千米，可通航 300 ～ 1000 吨级内河船队。其中，息县—三河尖段 156 千米规划为四级航道，三河尖—临淮岗段 62 千米规划为三级航道，临淮岗—运河口段 421 千米规划为二级航道。

"一纵"。即沙颍河—江淮运河—合裕线—芜申运河，全长 1117 千米。除了合裕线 143 千米规划为二级航道和芜申运河 297 千米规划为三级航道外，其余均为四级航道。

"两支"。即涡河航道与沱浍河航道。涡河航道从太康至怀远河入淮口 314 千米，沱浍河航道从商丘至五河入淮口 334 千米，均规划为四级航道。

"六线"。包括窑河至新城口入淮 28 千米，汾泉河至阜阳三里湾 122 千米，沱河至肖濉新河 189 千米，茨淮新河至淮河口 135 千米，池河至红山头入淮 106 千米，洪河新蔡至洪河口 82 千米。除了窖河至新城口入淮航道规划为三级航道外，其余均为四级航道。

江淮运河。引江济淮工程的江淮沟通段，从巢湖派河口，经派河、江淮分水岭、天河、瓦埠湖、东淝河入淮河全长 155.1 千米，规划为二级航道。

黑龙江水系航道

黑龙江水系航道是中国内河主要航道网之一。

黑龙江水系位于中国东北部，流经中国、俄罗斯和蒙古国。是中国七大水系之一。黑龙江有南北两源，南源为发源于中国大兴安岭西麓的额尔吉纳河，北源为俄罗斯境内的石勒喀河，两源于中国漠河镇以西的恩和哈达附近汇合后，始称黑龙江，流经漠河、呼玛、黑河、嘉荫、同江、抚远，在哈巴罗夫斯克（伯力）进入俄罗斯，于尼古拉耶夫斯克（庙街）注入鞑靼海峡。其中，恩和哈达至黑河为上游，长 894 千米；黑河至乌苏里江口（哈巴罗夫斯克附近）为中游，长 996 千米；乌苏里江口以下至入海口为下游，长 975 千米。黑龙江在中国境内的主要支流有松花江和乌苏里江。松花江为黑龙江的最大支流，流经哈尔滨、佳木斯，于同江汇入黑龙江，长 928 千米。松花江也有南北两源，南源为发源于长白山的第二松花江，流经吉林省的中部，长 958 千米；北源为发源于大兴安岭的嫩江，流经黑龙江和吉林两省的西北部及内蒙古的东部地区，长 1370 千米。松花江的主要支流有绰尔河、饮马河、呼兰河、牡丹江等。

黑龙江的主要通航河流有黑龙江、额尔古纳河、乌苏里江、松花江、嫩江、第二松花江、牡丹江等。黑龙江水系的河流一般在每年的 10 月中旬至 11 月下旬封冻，次年 4 月中旬至 5 月中旬解冻。黑龙江水系在中国境内的主要港口有松花江干流的哈尔滨港、佳木斯港、同江港，黑龙江的黑河港，嫩江的大安港等。

黑龙江水系航道是中国内河航运建设的重点之一。2007 年，中国交通部（现交通运输部）发布《全国内河航道与港口布局规划》，在水资源较为丰富的长江水系、珠江水系、京杭运河与淮河水系、黑龙江和松辽水系及其他水系，形成长江干线、西江航运干线、京杭运河、长江三角洲高等级航道网、珠江三角洲高等级航道网、18 条主要干支流高等级航道和 28 个主要港口布局。黑龙江、松花江是 18 条主要干支流高等级航道的组成部分，哈尔滨港、佳木斯港进入 28 个主要港口序列。按照规划抓紧实施松花江航电结合、梯级开发工程，建设松花江、黑龙江主要对俄贸易口岸港口设施，积极发展跨境江海联运，促进中国东北地区经济发展，增强与周边国家和地区的紧密联系。

2016 年，黑龙江全水系通航里程 8211 千米。其中，二级航道 967 千米，三级航道 967 千米，四级航道 1908 千米。

密西西比河水系航道

密西西比河水系航道是美国密西西比河干支流航道形成的航道网。

密西西比河干流纵贯美国南北，支流辐射东西，但在开发前自然条件并不好。干流上游水深仅 0.3 米；中游河段游荡不定，浅滩水深仅 1.37 米；下游河口拦门沙水深仅 2.7 米。支流阿肯色河水多分支，洪水过后河道淤塞，素有"野马"之称，水深仅 0.3 ～ 0.6 米；俄亥俄河有些河段河宽 1 英里（1.609344 千米）、水深 1 英尺（0.3048 米），枯水时可涉水过河；田纳西河水深条件稍好，但也只有 1.37 米。据历史记载，密西西比河每 7 年发生一次大洪水。自 1927 年发生特大洪水后，美国国会几乎每两年要讨论一次防洪问题，从 1928 年至 1970 年，总共通过了 23 个防洪法令。经 1824 年尤其是 1928 年以后的长期治理，水系航道才有根本改善。

密西西比河的治理以防洪为主，兼顾航运、发电、灌溉、旅游、生态平衡和环境保护，经过总体规划，综合治理，干支并举，分期实施，对干流上游和主要支流实行移级渠化，对中下游进行整治和疏浚，已形成江、湖、河、海相连，干支畅通无阻，四通八达的航道网。北部经伊利诺伊水道以及芝加哥运河同密歇根湖乃至五大湖相通，然后沿圣劳伦斯水道东出大西洋；往南有南水道、西南水道、密西西比河－海湾出口水道 3 个出海口直通墨西哥湾；在河口附近又同墨西哥湾岸内沿海运河连接，形成江河湖海相连的航道网。经过长期治理，密西西比河干支流航道里程 2.59 万千米，其中近一半达到了 2.74 米的标准水深。

密西西比河治理的突出特点是对上游和主要支流全部实行连续渠化，总共建有 100 多个梯级。其中，上密西西比河，从与俄亥俄河的汇合处起至明尼阿波利斯，长 1374 千米，水位落差 121 米，建有 29 个梯级；俄亥俄河系，干流从与密西西比河汇合处凯罗起至匹兹堡，长 1578 千米，建有 20 个梯级；阿肯色河，从塔尔萨到河口，长 721 千米，水位落差 128 米，建有 17 个梯级；田纳西河，干流长 1046 千米，水位落差 151 米，建有 10 个梯级；伊利诺伊水道，连接密西西比河和密歇根湖，长 574 千米，水位落差 60 米，建有 7 个梯级；下密西西比河，从俄亥俄河口凯罗至近墨西哥湾处的汊道口，长 1529 千米，为一开敞式水道，无船闸。

密西西比河运输的重要特点是分节驳顶推船队运输非常发达，船队规模和技术水平为世界之冠。船舶标准化也很完善，驳船使用最多的是 907 吨级、1360 吨级和 2720 吨级，推船动力使用最多的是 2000 千瓦、3000 千瓦和 4000 千瓦。密西西比河上游和主要支流可以通航由 8～15 艘千吨级分节驳舶组成的 1 万～2 万吨级顶推船队，下游可以通航由 15～25 艘千吨级分节驳船组成的 2 万～3 万吨级顶推船队，下游河口航段可通航 30～45 艘千吨级分节驳船组成的 4 万～6 万吨级顶推船队，最大可达 8 万吨级。密西西比河已成为美国内河运输的大动脉，以密西西比河为主干的美国航道网的发展，使美国内河货运量从 1965 年的约 9.52 亿吨增长到 2003 年的 7.52 亿吨，同期货运平均运距从 478 千米延长到 735 千米，其中密西西比河水系完成的货运量一直占 2/3 左右。内河运输的独特优势在密西西比河水系得到了充分发挥。

密西西比河在美国经济和社会发展中具有重要地位和作用。密西西比河流域是美国重要的工业生产基地和城市密集地带。密西西比河两岸工厂林立，形成了一些"钢铁走廊"和"化工走廊"等工业走廊，美国 80% 以上的钢铁厂、90% 以上的冶炼厂都在河流两岸，使密西西比河成为美国工业的"生命通道"。美国 150 个 10 万以上人口的城市中有 131 个在密西西比河边，密西西比河运输是流域经济和美国社会发展的重要支撑。

莱茵河 – 多瑙河水系航道

莱茵河–多瑙河水系航道是横贯欧洲大陆，沟通北海和黑海的国际水运大通道。

莱茵河和多瑙河通过莱茵河–美因河–多瑙河运河（RMD）相连接，全长3503千米。西起北海之滨的荷兰鹿特丹，东至黑海之滨的罗马尼亚苏利纳，连接欧洲十几个国家，包括莱茵河水系和多瑙河水系的干流和支流航道。

莱茵河发源于瑞士阿尔卑斯山圣果阿冰川，流经瑞士、法国、德国、荷兰，最后在荷兰鹿特丹以西注入北海，全长1320千米，流域面积22.4万平方千米，是欧洲第六大河流。

多瑙河发源于瑞士北部，流经到瑞士、德国、奥地利、斯洛伐克、匈牙利、克罗地亚、塞尔维亚和黑山、保加利亚、乌克兰、罗马尼亚10国，最后在罗马尼亚苏利纳注入黑海，全长2850千米，流域面积81.7万平方千米，是欧洲第二大河流。莱茵河和多瑙河通过莱茵河–美因河–多瑙河运河相连接，全长3503千米。

莱茵河水系航道是西欧内河航道网的主体，干流航道里程约1000千米，其中750千米在德国境内。支流主要有美因河、内卡尔河和摩泽尔河，都在德国境内，但都不长，流量也小。莱茵河水系航道治理始自1817年，治理目的以航运为主。治理方法基本上是对干流采取上游渠化、中游整治、下游疏浚，对主要支流全部实行梯级渠化。在治理干支航道的同时还开凿了众多的人工运河，以沟通各主要水系。航道治理按欧洲

莱茵河水系航道

航道网标准实行标准化和现代化，即至少要符合Ⅳ级航道标准，使载重量为1350吨、满载吃水2.5米的自航驳可畅通无阻。治理工程复杂而巨大，到1992年基本完成，使整个西欧地区形成了以莱茵河为主体的四通八达、干支直达的内河航道网。莱茵河作为西欧交通运输的大动脉，年货运量在3亿吨以上，其中60%为国际货物，是流域经济发展的重要支撑。以莱茵河极为经济的水运条件为依托，形成了以著名的鲁尔工业区为主的西欧工业走廊和经济地带。

多瑙河水系航道是西欧内河航道网的重要组成部分，欧洲统一内河水路系统的重要环节。沟通多瑙河和莱茵河可谓是欧洲千年梦想。最早的沟通计划可追溯到744年。1921年，德国成立莱茵河－美因河－多瑙河股份有限公司，专司运河开凿和电站建设之职。1953年，欧洲运输部长会议在提出建立欧洲统一内河水路系统设想时正式立项开辟莱茵河-美因河-多瑙河运河，计划建设年限为 1959～1985 年，实际于 1992 年竣工。工程北起美因河的班贝格，南至多瑙河的凯尔海姆，全长 171 千米，达到Ⅳ级航道标准。其中，107 千米在北坡（美因河流域），64 千米在南坡（多瑙河流域），分水岭标高 406 米。运河的开凿使莱茵河和多瑙河相连，形成了连接十几个国家，可通往北海、波罗的海、黑海、地中海港口的黄金水道。

五海通航内河航道网

五海通航内河航道网是世界著名内河航道网之一。是俄罗斯欧洲部分以伏尔加河、第聂伯河、顿河、卡马河和涅瓦河等为主干，由伏尔加河-波罗的海运河、伏尔加河-顿河运河、白海-波罗的海运河和莫斯科运河等作连接，通达白海、波罗的海、里海、黑海、亚速海的统一深水航道网。

与其相连的通航河流还有莫斯科河、奥卡河、维亚特卡河、别拉亚河、普利皮亚特河、沃尔霍夫河、苏霍纳卡河、北德维纳河等。该航道网有水深 3.65 米以上航道超过 8000 千米，是俄罗斯内河运输体系中的主网。五海通航内河航道网冰冻期较长，年平均通航期仅 7 个月左右。但因位于以莫斯科为中心的俄罗斯工农业最为发达的欧洲部分，航运作用仍然较大，年平均货运量约占俄罗斯内河货量的 1/2，货物周转量约占 2/3，是俄罗斯交通运输系统的重要组成部分。

五海通航内河航道网主干河流中，伏尔加河长 3690 千米，流域面积 138 万平方千米，是俄罗斯和欧洲最大的河流；第聂伯河长 2201 千米，流域面积 50.4 万平方千米，是欧洲第四大河流；顿河长 1870 千米，流域面积 44.2 万平方千米，是欧洲第五大河流。连接运河中，伏尔加河 – 波罗的海运河长 361 千米，1964 年建成；伏尔加河 – 顿河运河长 101 千米，1952 年建成；白海 – 波罗的海运河长 227 千米，1933 年建成；莫斯科运河长 128 千米，1937 年建成。

五海通航内河航道网的主要特点是航道技术标准较高，船舶平均吨位较大，江海直达运输发达。航道主网的主干河流和主要支流，通过渠化、整治和疏浚达到 I 级航道际标准，即航道水深在 3.65 米以上，明显高于密西西比河的 2.74 米、莱茵河的 2.5 米等世界著名水系航道的标准水深。运输船舶以 1500 ～ 10000 吨级自航驳或分节驳为主力船型，最大吨位和平均吨位要高出其他国家许多。

俄罗斯十分重视江海直达运输，20 世纪 50 年代苏联开始了江海直达运输，之后迅速发展，80 年代形成江海直达船舶系列，是世界上江海直达运输最为发达的国家之一。五海通航内河航道网实现了江海直达运输，减少了中转作业，降低了货损货差，缩短了运输时间，提高了船舶效率，因而降低了运输成本，提高了运输效益。江海直达船舶可达欧洲、亚洲和非洲 20 多个国家的 300 个港口，开辟了西北方向、伏尔加河—黑海—地中海方向、伏尔加河—里海方向、第聂伯河—黑海—地中海方向等主要航线。

通航建筑物

通航建筑物是为使船舶通过航道上的航行障碍而设置的水工建筑物。又称过船建筑物。

◆ 发展简史

中国是世界上建造船闸最早的国家。秦始皇二十八年（公元前219），在今广西壮族自治区兴安县境内开凿灵渠，沟通了湘江和漓江，并在渠上设置陡门（又称斗门，即今称闸门），用以调整陡门前后的水位差，使船舶能通过有集中水位落差的航道，这种陡门构成了单门船闸（又称半船闸）。宋代乔维岳于 984 年在西河（今江苏省淮安至淮阴间的人工运河上）修建了西河闸。西河闸设有上下两个闸门，闸门上设有输水装置，此即现代船闸的雏形。在欧洲，1375 年，半船闸才首次在荷兰出现，1481 年开始在意大利建造船闸。20 世纪 50 年代以来，中国在长江、西江以及京杭运河等河流上，建成了 900 多座船闸，其中水头在 20 米以上的船闸约占世界总数的 1/4，居世界第二位，图 1 为京杭运河苏北段的淮安船闸。2003 年建成的长江三峡双线连续五级船闸，总水头为 113 米，中间级最大水头为 45.2 米，闸室有效尺度为：长 280 米、宽 34 米，

图 1　京杭运河苏北段淮安船闸

图 2　广西长洲水利枢纽并列四线船闸

是世界上总体规模最大的船闸。广西壮族自治区长洲水利枢纽通航建筑物为并列布置的四线船闸（图2），其中三线和四线船闸的闸室有效尺度为：长340米、宽34米，是中国平面尺度最大的船闸。广西壮族自治区大藤峡水利枢纽船闸的闸室有效尺度与三峡船闸相同，最大水头40.25米，是世界上水头最大的单级船闸。

升船机作为一种升降船舶的机械设施，其原始雏形为黏土滑道上用人工绞盘来拖运小型船舶过坝的设备。英国于1788年在开特里建造的斜面干运升船机，是最早的机械化升船机。现代化大型升船机出现在20世纪。20世纪50年代以来，中国建造了60余座升船机，其中长江三峡升船机（图3）建成于2017年，最大提升高度为113米、最大提升重量超过1.55万吨，承船厢长132米、宽23.4米、高10米，可提升

图3　长江三峡升船机

3000吨级的船舶过坝，是世界上规模最大的升船机工程；贵州省乌江构皮滩水电站通航建筑物由三级垂直升船机和两级中间渠道组成，第二级升船机最大提升高度为127米，是世界上水头最高、单级提升高度最大、主提升设备规模最大的升船机；云南省澜沧江景洪水电站升船机是中国原创并具有完全自主知识产权的世界首座水力式升船机，最大提升高度为66.86米，过船吨位500吨。

◆ 结构

通航建筑物包括船闸、升船机、通航渡槽和通航隧洞。其中，船闸

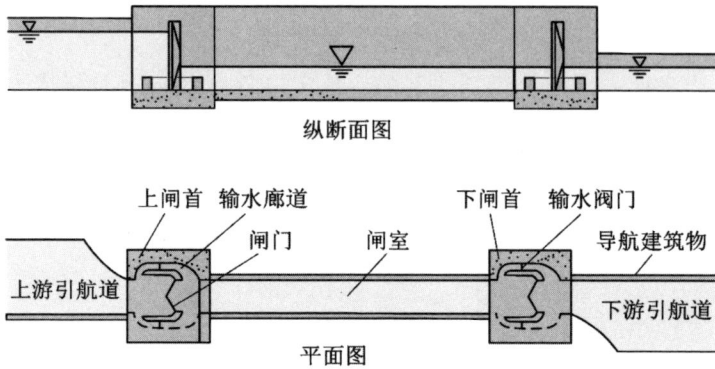

纵断面图

平面图

图4 船闸组成及工作原理示意图

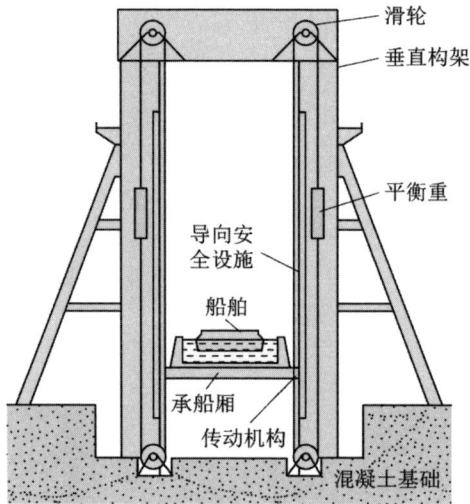

图5 升船机工作原理示意图

和升船机是为克服航道上的集中落差,使船舶(队)顺利地由上(下)游驶往下(上)游而设置的,工作原理分别如图4和图5所示;通航隧洞和通航渡槽是为使运河穿过高山或跨越峡谷、河流和道路等,以连接前后两段航道而建造的。

◆ **规划**

主要是拟定建筑物规模和类型。通航建筑物的规模和标准一般根据设计船型，满足建筑物所在河流在各个设计水平年期限内（近期、后期）的客运量、货运量、过闸船舶的总载重吨位的需要，通过技术经济论证确定。通航建筑物的设计水平年一般采用建成后 10 ～ 25 年。在进行技术经济论证时，以运量为基础，计算几个不同方案的投资和费用，评选最优方案。

选择通航建筑物类型主要根据水头的大小、通航船舶（队）的吨位以及运输的繁忙程度。另外，通过能力、耗水量、工程投资、当地的机电制造工艺水平以及咸淡水分隔的要求，对选择通航建筑物类型也有一定的影响。在通航建筑物中，当水头小于 40 米时，一般采用船闸；当水头大于 70 米时，一般采用升船机；当水头为 40 ～ 70 米时，可以在两者中进行技术经济论证选定。在中国，通常情况下，一般以船闸为主，但对于高水头水利枢纽，需进行通航建筑物形式的比选论证。

◆ **布置形式**

通航建筑物的总体布置主要是确定通航建筑物的形式、规模及其在枢纽中的位置。在位置的选择上主要视地形、地质以及建闸河段的水流、泥沙和河床演变等条件而定，同时应处理和协调好所在枢纽中的其他建筑物的关系。通航建筑物总体布置适当与否是通航建筑物满足运输需要和正常、安全运转的重要条件。

船　闸

西江长洲船闸

西江长洲船闸是西江航道长洲段的通航建筑物，位于广西西江长洲水利枢纽上。

◆ **基本内容**

西江长洲船闸共有4线船闸，其中一线和二线船闸于2003年底开工，2007年建成投产；三线、四线船闸于2009年底开工，2015年三线船闸建成投产，2016年四线船闸建成投产。西江长洲各线船闸设计通航参数如下表。

西江长洲各线船闸设计通航参数表

项目	一线船闸	二线船闸	三线船闸	四线船闸
闸室长度（米）	200	185	340	340
闸室宽度（米）	34	23	34	34
槛上水深（米）	4.5	3.5	5.8	5.8
通航船舶吨级（载重吨）	2000	1000	3000	3000
设计年货物通过量（万吨）	3920（上行3150，下行770）		9604（单向）	

◆ **作用和影响**

长洲水利枢纽位于广西梧州市上游约12千米的西江干线上，是西江下游广西境内的最后一个梯级。一线、二线船闸与水利枢纽同期建设。长洲水利枢纽的建设，极大地改善了贵梧航段的航道条件，一线和二线船闸建成通航以来，船舶过闸需求旺盛，货物通过量逐年攀升。但随着

西江长洲船闸

经济社会发展，航运发展迅速，一线、二线船闸通过能力不足的问题逐步显现，船舶待闸拥堵情况越来越严重，最多时滞航船舶超过1400艘，"瓶颈"问题越来越突出。为此，国家投资建设了三线和四线船闸，于2017年投入使用。西江长洲船闸货运量2008年为3600多万吨，2009年增长至4430万吨，2014年达到6557.5万吨。三线和四线船闸建成后，2017年过闸货运量达到9880万吨，2018年再创历史新高，达到1.318亿吨。西江干流3000吨级船舶可直航粤港澳，西江长洲船闸的建设对完善广西综合交通运输布局，吸引东部产业转移，加快珠江—西江经济带发展具有十分重要的战略意义。

长江三峡船闸

长江三峡船闸是长江干线航道上游的通航建筑物，建于长江三峡水利枢纽上的双线五级船闸。简称三峡船闸。

◆ **基本内容**

三峡水利枢纽的通航建筑物。三峡水利枢纽位于中国湖北省宜昌市三斗坪镇境内，距下游葛洲坝水利枢纽38千米，是当今世界最大的水利水电工程。三峡船闸位于三峡大坝左岸临江最高峰坛子岭左侧。

三峡船闸于1994年和三峡工程同年开工，2002年底完工，2003年6月18日试通航，2004年7月正式通航，是世界上规模最大的船闸。三峡船闸为双线五级连续船闸，两线船闸平行布置，中心线相距94米。每线船闸主体段由6个闸首和5个闸室组成，闸室有效尺度为280米×34米×5米（长×宽×坎上水深）。三峡船闸可通航万吨级船队，设计日均运行22闸次，每闸次历时约65分钟，设计年通航天数335天，年单向通过能力5000万吨（2030年）。

三峡船闸是世界上船闸级数最多的船闸，其建造难度、船闸长度和水头差均为世界第一。三峡船闸全长6.4千米，其中船闸主体部分1.6千米，引航道4.8千米（上游2.1千米，下游2.7千米）。三峡大坝正常蓄水位为海拔175米，坝下设计最低通航水位62米，上下落差达113米，相当于40层楼房的高度。单级最大工作水头达45.2米，也是世界船闸中"水头之最"。三峡船闸为在坝区左岸山岗中开辟出一条通道建设船闸，共削平18座山头，边坡开挖最大高度达170米，在世界船闸建设上史无前例。

◆ **作用和影响**

三峡成库以来，随着三峡工程蓄水位的抬升，变动回水区到达重庆，三峡大坝以上形成了 600 多千米的高等级库区航道，宜昌到重庆的川江河段通航条件极大改善，结束了"自古川江不夜航"的历史。同时，随着西部大开发、中部崛起、东部产业转移等一系列国家战略的深入实施，沿江经济社会快速发展，长江上游航运迅猛发展，过闸需求高速增长，三峡船闸货运量连年攀升，由运行初期 2004 年的 3430 万吨提高至 2011 年的 1 亿吨，提前 19 年达到并超过三峡船闸设计时提出的"2030 年单向通过能力达 5000 万吨"的指标。

为挖掘潜能，进一步提高船闸通过能力，交通运输部门采取了推进船型标准化，提高过闸货运船舶吨位、闸室面积利用率和日运行闸次等

长江三峡船闸

措施，并建立了先进的过闸船舶调度系统，最大限度提高船闸运行效率。其间，过闸船舶平均吨位由 1049 吨提高到 2844 吨，平均单闸船舶总吨位由 9029 吨提高到 15286 吨，船闸日均运行闸次由 22 闸次提高到 28 闸次。2017 年，三峡船闸货运量达到 1.38 亿吨，累计货运量突破 11 亿吨，三峡船闸通过能力已趋于饱和。三峡船闸成为长江黄金水道的关键节点，三峡船闸通过能力的提升为长江经济带建设发挥了重要作用。

长江葛洲坝船闸

长江葛洲坝船闸是长江干线航道上游的通航建筑物，建于长江葛洲坝水利枢纽上的两线三闸船闸。简称葛洲坝船闸。

◆ 基本内容

葛洲坝船闸共有 3 座，其中 1 号船闸位于大江航道，在大江电站和大江泄水冲沙闸之间；2 号和 3 号船闸位于三江航道，2 号船闸位于右岸，3 号船闸位于左岸。3 座船闸闸室有效尺度见下表。

葛洲坝船闸闸室有效尺度表

项目	1 号船闸	2 号船闸	3 号船闸
闸室有效长度（米）	280	280	120
闸室有效宽度（米）	34	34	18
闸室槛上水深（米）	5.5	5	3.5

其中，1 号和 2 号船闸可通航大型客轮和万吨级船队，设计日运行 23 闸次，每闸历时 51 ～ 57 分钟；3 号船闸可通航 3000 吨级以下大型客货轮，设计日运行 36 闸次，每闸次历时约 40 分钟。三座船闸设计年

长江葛洲坝船闸

单向通过能力 5000 万吨，年通航天数 335 天（1 号船闸 320 天）。

◆ **作用和影响**

葛洲坝水利枢纽位于中国湖北省宜昌市境内的长江三峡末端河段，上距三峡大坝约 39 千米。葛洲坝水利枢纽是中国在长江干流上建设的第一座大型水利枢纽工程，也是世界上最大的低水头大流量、径流式水电站，1971 年 5 月开工兴建，1988 年 12 月全部竣工。

葛洲坝水利枢纽可对三峡工程因调洪下泄不均匀流量起反调节作用，有反调节库容 8500 万立方米。

葛洲坝 2 号和 3 号船闸 1970 年动工，1981 年完工并投入试运行；1 号船闸 1981 年动工，1988 年完工并投入试运行。1982 年，葛洲坝船闸客、货运量分别为 127 万人次和 350 万吨；1992 年，达到 437 万人次和 1028 万吨；2002 年，客运量降为 257 万人次，货运量增长至 1803

万吨；2003 年，三峡船闸试通航以来，葛洲坝船闸运量基本与三峡船闸相当，为提升长江黄金水道能力发挥了重要作用。

升船机

升船机是用机械方法升降船舶，以通过航道上有集中水位落差的区段的通航建筑物。

多用于水位落差较大的河段，供升降吨位不大的单船过坝之用。主要由承船厢（或承船车）、驱动装置和支承导向结构等组成，多与闸坝配合建筑。升船机类型很多，有湿运升船机和干运升船机，垂直升船机和斜面升船机等。湿运升船机船舶过坝程序大体为：通过控制系统启动机械传动机构，使承船厢停放在厢中水位与下游水位相齐平的位置，开启厢车和连接建筑物的闸门，船舶由下游航道进入承船厢；关闭闸门和厢门，将承船厢升至箱内水位与上游水位相齐平的位置；开启厢门与连接建筑物的闸门，船舶驶进上游航道。若依上述程序反向操作，则船舶可由上游航道进入下游航道。采用湿运升船机时，船舶漂浮在充水的船厢内；采用干运升船机时，船舶出水，支承在船厢的承台上。

航道治理

航道治理是指通过采取工程措施改善和维持航道的通航条件，提升相关水域的通航能力。

航道治理的方法主要有疏浚、渠化和径流调节 3 种方式，可根据治理目的和航道具体情况分别或结合采用。①疏浚。通过按规定范围和深度挖掘航道或港口水域的水底泥、沙、石等，以提升港口水域通行能力的措施，是开发、改善和维护航道、港口水域的主要手段之一。②渠化。通过建设堤坝调整水流和河床，增加水深，以稳定河床、稳定水流流态、从根本上改善航行条件、提高水域通航能力的措施。③径流调节。通过修建水库，重新分配不同季节水流流量（蓄洪济枯），改善枯水季节通航条件的措施。这种航道治理方式多同水利工程相结合。

　　航道治理能够稳定航道的状况，是保证水运路径通畅的重要措施，对于确保水运系统的正常运转具有重要意义。

界河通航

　　界河通航是在国家或地区间分界的河流上的船舶航行行为。一般指在国家间界河上的航行行为。又称国际国境河流航道。

　　国际法意义上的界河通航，是指沿岸国签订协议或协定，允许商船（一般限于沿岸国的商船）在界河水域"自由航行"，即可根据商定的航行规则在他方或共有领水内航行，此时该界河可称通航界河。

　　从河源到河口完全流经某一国的河流，或流经多国的河流但在某一国境内不允许他国通航的河段，称为该国内河。分隔或通过两个或两个以上国家的河流，通常称为界河，习惯上称以左右岸划分国界的界河为国境河流，称以上下游划分国界的界河为国际河流。沿岸国一般根据双多边协议在界河水域上划定国界线，国界线以内属所在国领水，并由所在国行使管辖权。但也有例外，如中朝界河鸭绿江，以中水位时的水沫线划分两国国界，水沫线以内水域由两国共有、共管、共用。

一般情况下，界河沿岸国会基本参照河流的深泓线或主航道中心线划定国界线。但由于国界线的相对稳定和航槽与河道容易改变，某段航道或河道可能在一定时间内在法律意义上成为一国内水，但沿岸国一般通过协议或协定以方便界河上船舶航行。

自然条件适宜航行的界河，经沿岸各国协商后允许商船通航，有利于促进相互间人员和经贸往来与交流。在界河上发展跨境运输涉及通航管理、边境管理、领土领水主权和航行权益以及国家形象等国家核心利益，因此，需要沿岸各国政府和民间秉持睦邻友好、平等互利、合作互信、共同繁荣的理念，共同努力推进。

中国是世界上界河里程最长的国家。中国界河航道总里程约5200千米，占陆地边界长度的22.8%左右，主要包括中俄、中朝国境界河航

中朝国境界河航道

道和澜沧江—湄公河国际河流航道。其中，黑龙江水系的中俄界河航道里程达 3542 千米，是世界上最长的界河。进入 21 世纪后，中俄双方致力于发展和巩固平等信任、相互支持、共同繁荣、世代友好的中俄全面战略协作伙伴关系，在中国实施振兴东北战略和俄罗斯加快远东地区发展的共同推动下，黑龙江航运为促进东北亚区域经济发展、服务中俄双边和多边贸易、便利人员交流往来发挥了重要作用。

本书编著者名单

编著者 （按姓氏笔画排列）

丁承显　　王　婧　　王先进　　王宇川

王志云　　卢　成　　刘亚丽　　刘翠莲

汤震宇　　李大海　　吴　淑　　吴喜德

张姝慧　　张哲辉　　陈　康　　金　镠

赵洁婷　　胡亚安　　饶京川　　聂嘉玉

曹　宇　　鲁子爱　　曾庆成　　翟慧娟

潘文达